时代印记

王志艳◎编著

爱因斯坦

延边大学出版社

图书在版编目（CIP）数据

寻找爱因斯坦 / 王志艳编著 . —延吉：延边大学
出版社，2013.8（2020.7 重印）

ISBN 978-7-5634-5884-4

Ⅰ．①寻… Ⅱ．①王… Ⅲ．①爱因斯坦，
A.（1879 ～ 1955）—传记—青年读物②爱因斯坦，
A.（1879 ～ 1955）—传记—少年读物 Ⅳ．
① K837.126.11-49

中国版本图书馆 CIP 数据核字 (2013) 第 210015 号

寻找爱因斯坦

编著：王志艳
责任编辑：孙淑芹
封面设计：映像视觉
出版发行：延边大学出版社
社址：吉林省延吉市公园路 977 号　邮编：133002
电话：0433-2732435 传真：0433-2732434
网址：http://www.ydcbs.com
印刷：唐山新苑印务有限公司
开本：690×960　1/16
印张：11 印张
字数：100 千字
版次：2013 年 8 月第 1 版
印次：2020 年 7 月第 3 次印刷
书号：ISBN 978-7-5634-5884-4
定价：29.80 元

前言

历史发展的每一个时代，都会有对后世产生巨大影响的人物，都会有推动我们前进的力量。这些曾经创造历史、影响时代的英雄，或以其深邃的思想推动了世界文明的进步，或以其叱咤风云的政治生涯影响了历史的进程，或以其在自然科学领域中的巨大成就为人类造福……

总之，他们在每个时代都留下了深深的印记，烙上了特定的记号。因为他们，历史的车轮才会不断前进；因为他们，每个时代的内容才会更加精彩。他们，已经成为历史长河的风向标，成为一个时代的闪光点，引领着我们后人走向更加深邃的精神世界和更加精彩的物质世界。

今天，当我们站在一个新的纪元回眸过去的时候，我们不能不提起他们的名字，因为是他们改变了我们的世界，改变了人类历史的发展格局。了解他们的生平、经历、思想、智慧，以及他们的人格魅力，也必然会对我们的人生产生深刻的影响。

为了能了解并铭记这些为人类历史发展做出过巨大贡献的人物，经过长时间的遴选，我们精选出一些最具影响力、最能代表时代发展与进步的人物，编成这套《时代印记》系列丛书，其宗旨是：期望通过这套青少年乐于、易于接受的传记形式的丛书，对青少年读者的成长产生潜移默化的影响，使他们能够从中吸取到有益的精神元素，立志奋进，为祖国、为人类作出自己的贡献。

前言

　　本套丛书写作角度新颖，它不是简单地堆砌有关名人的材料，而是精选了他们一生当中最富有代表性的事迹与思想贡献，以点带面，折射出他们充满传奇的人生经历和各具特点的鲜明个性，从而帮助我们更加透彻地了解每一位人物的人生经历及当时的历史背景，丰富我们的生活阅历与知识。

　　通过阅读这套丛书，我们可以结识到许多伟大的人物。与这些伟人"交往"，也会进一步提高我们的思想品格与道德修养，并以这些伟人的典范品行来衡量自己的行为，激励自己不断去追求更加理想的目标。

　　此外，书中还穿插了许多与这些著名人物相关的小知识、小故事等。这些内容语言简练，趣味性强，既能活跃版面，又能开阔青少年的阅读视野，同时还可作为青少年读者学习中的课外积累和写作素材。

　　我们相信，阅读本套丛书后，青少年朋友们一定可以更加真切、透彻地了解这些伟大人物在每个时代所留下的深刻印记，并从中汲取丰富的人生经验，立志成才。

导 言

Introduction

　　阿尔伯特·爱因斯坦（1879—1955），举世闻名的德裔美国科学家，现代物理学的创始人和奠基者，世界著名理论物理学家，相对论的创立者，"原子弹"之父。1999年12月26日，爱因斯坦被美国《时代》周刊评选为"世纪伟人"。为了纪念他的伟大功绩，第99号元素被命名为"锿"。

　　爱因斯坦1879年出生在德国慕尼黑一个经营电器作坊的小业主家中，父母都是犹太人。在读小学和中学时，爱因斯坦表现平常，而且性格孤僻，不喜欢与人交往，但他却凭借自己的聪明和刻苦自学了欧几里得几何、微积分等艰涩的数学、几何知识，并对其产生了浓厚的兴趣。

　　大学毕业后，爱因斯坦只能靠当"家教"维持生活。后来在朋友的帮助下，他被伯尔尼瑞士专利局录用为技术员。在那里，他开始利用业余时间开展科学研究，并于1905年在物理学的几个不同领域取得了历史性的成就。随后，他还导出了$E=mc^2$这个伟大的公式。这一年也被称为"爱因斯坦奇迹年"。100年后的2005年，更因此而被定为"2005世界物理年"。

　　1915年，爱因斯坦发表了广义相对论。他所做出的光线经过太阳重力场会弯曲的预言，也于1919年得到证实；1916年，他所预言的重力波，也于1978年得到证实。

　　爱因斯坦的相对论在西方已是家喻户晓的名词，但同时也招来了德国和其他国家的法西斯主义、军国主义者和排犹主义者的恶毒攻击。

　　由于其在光电效应方面的研究成果，1921年，爱因斯坦被授予诺贝尔物理学奖。

在两次世界大战中，爱因斯坦积极投入到反战活动当中，并因此成为政治斗争中的受迫害对象。面对种种危险，爱因斯坦不屈不挠，依然坚持宣扬自己的和平、自由、民主的政治理论。

1939年，爱因斯坦上书美国总统罗斯福，建议研制原子弹，以防止德国纳粹先行研制出来，用于战争。第二次世界大战结束前夕，美国在日本广岛和长崎分别投下原子弹，爱因斯坦对此强烈不满，他最初意欲维护和平的理想被现实打碎。战后，为开展反对核战争的和平运动和反对美国国内法西斯危险，爱因斯坦进行了不懈的斗争。

1955年4月18日，这位伟大的科学巨人、和平主义者在美国普林斯顿病逝，享年76岁。

爱因斯坦虽然离开了这个世界，但他独立思考、敢于创新、努力探索、崇尚真理、反对战争、争取和平与平等的精神却永远不会消逝。

本书从爱因斯坦的儿时生活开始写起，一直写到他所创立的伟大科学理论以及在科学事业上所取得的辉煌成就，再现了爱因斯坦不平凡的一生，旨在让广大青少年朋友能够真切地了解这位科学巨人坎坷而充满磨难的人生历程，体会他对科学事业的追求以及他为人类自由、解放事业所做出的杰出贡献。

目录
contents

时代印记

目录

目录

第一章　天才的诞生

一个人的价值，应该看他贡献什么，而不应当看他取得什么。

——爱因斯坦

（一）

在德国南部的巴伐利亚州，有一个名叫乌尔姆的美丽而古老的小城。这里风景秀丽，气候宜人。

1879年3月14日的这天，在一户犹太人家里，海尔曼·爱因斯坦和他年轻的妻子怀着无比激动的心情，迎来了他们期待已久的第一个男孩。

可是，当这个孩子出生后，这对夫妻却被他那硕大的有棱角的后脑勺惊呆了，甚至以为他是个怪物。

几周后，男婴的大脑袋慢慢显得正常了，可那很宽的后脑勺依然存在，并成为伴随他一生的特征。

海尔曼给儿子起名为阿尔伯特·爱因斯坦，第一个字母用A开头，与孩子的祖父名字的第一个字母相同，为的是纪念自己的父亲。当初这对夫妇一定想不到，这个有着大脑袋宽宽后脑勺的男孩，日后竟然能够成为一名享誉世界的物理学家。

在乌尔姆，海尔曼拥有一家电气工厂。可在爱因斯坦出生那一年，海尔曼的工厂倒闭了，一家人便搬到了慕尼黑。在亲戚们的帮助下，海尔曼又重新办起了工厂。在这座德国南部的第一大城市，爱因斯坦一家度过了苦涩而艰难的14年。

海尔曼并不是一个善于经商的人，所以在慕尼黑也只能勉强维持生活。但他却是一个诚实乐天的人，对德意志民族那种追求崇高人格、自由精神的文化传统如痴如醉。小时候，由于父母没钱供他上学，他才不得不弃学经商。但每天晚上，他都沉醉在诗人席勒、海涅等人的优美作品当中。

爱因斯坦的母亲波琳·科克贤惠能干。她的家境也比较富裕，受过良好的教育，她喜欢文学，也热爱音乐。

可以说，海尔曼与妻子波琳志趣相投，爱好高雅，这为小爱因斯坦的成长提供了品味高雅的文化氛围。

由于出生一年后一家人便迁到慕尼黑，所以爱因斯坦对自己的出生地没有什么特殊的感情。不过，后来当地的一位记者在采访这位乌尔姆最出色的儿子时，爱因斯坦还是说：

"一个人和他的出生地的联系，就像母亲和孩子之间的联系……每当我想起乌尔姆，就充满了感激之情。"

海尔曼一家是个幸福、和谐、温暖的小家庭。在空余时间，海尔曼经常兴高采烈地带着全家人到郊外去游玩。在饱览湖光山色之后，一家人就在外边野餐：喝啤酒、香槟，吃美味的烤肉和香肠。田野、森林、河湖与山峦给小爱因斯坦一种全新的感受，使他乐而忘返。从小就受到大自然的熏陶，也培养了爱因斯坦对大自然无限热爱的感情。

童年时代的爱因斯坦似乎是个迟钝的孩子，对世界的理解很吃力，到四五岁了还不太会说话，而且会说话后，话也说得非常少。他经常独来独往，还时常躲开其他伙伴。即使同家人在一起，他也只是个沉静的观众。谁要是破坏了他独处的心境，一向沉静的他就会情绪突然激烈地爆发。这与比他小两岁的妹妹玛雅整天叽叽喳喳地说个没完形成了鲜明的对比。为此，父母非常着急和担心：

"难道小阿尔伯特是个低能儿，是个傻子？不，不，不可能！他那双棕色的大眼睛多么明亮，还有他那可爱的脑袋一歪，一个人躲在角落里玩，应该有很多聪明的主意在他的脑袋里吧！"

由于怀疑爱因斯坦是个低能儿，父母还为他请过医生呢！他们没想到，这个被怀疑是"低能儿"的孩子，长大后居然成为一名著名的科学家。从这时起，爱因斯坦就习惯于用这种沉默的独立思维面对着周围的世界。

（二）

爱因斯坦虽然看起来比较迟钝，但他也有一般孩子所缺乏的特点。在他很小的时候，当母亲波琳弹钢琴时，他就一个人默默地跑到母亲的身后，专心地倾听母亲弹琴。

当波琳第一次发现儿子这样做时，十分高兴，忍不住夸小爱因斯坦说：

"瞧你，一本正经的样子，简直就像个大教授！"

"阿尔伯特，去花园里玩吧！"一次，波琳见爱因斯坦又在她身后一动不动地听钢琴，就建议他说。

可是，小爱因斯坦还是一动不动，仍然站在那里听母亲弹琴。他喜欢贝多芬更胜过花园中的花花草草。

有时晚上睡觉时，听到钢琴声后，他就会悄悄地从卧室里溜出来，躲在楼梯的暗处倾听楼下母亲的弹奏，仿佛这美丽、和谐、伟大的音乐引起了他那幼小心灵的强烈共鸣。或者说，这些都是爱因斯坦与生俱来的。

爱因斯坦一生都很喜欢音乐，从小就喜欢拉小提琴，并从6岁开始就正式学拉琴了。

开始时，他是拉一把玩具小提琴。在7岁生日那年，波琳送给儿子一把真正的小提琴。但在刚刚学习时，一连几个小时机械重复的弓法和指法练习根本就不是心灵的享受，而是对躯体的折磨了，因此爱因斯坦也感到厌烦。

后来，当他真正体会到莫扎特的作品所带来的快乐时，他才真正迸发出练琴的热情。小提琴此后便伴随爱因斯坦一生，拉琴也成为他最喜欢的生活娱乐之一。

爱因斯坦5岁的时候，家里给他请来了一位女教师，为他做学前辅导。可是不久，这位女教师就发现这个孩子的脾气实在是太坏了，当什么事情不合他的心愿时，他就会大发脾气，脸色苍白，样子十分可怕。

有一次，因为不喜欢听课，他居然抓起一把小凳子向女教师砸了过去。女教师吓跑了，再也没回来。

直到7岁后，他的这种糟糕的脾气才慢慢好一些。

爱因斯坦虽然不喜欢说话，可他却从小就喜欢观察与思考。在他四五岁时，有一天，父亲海尔曼买回来一只罗盘给爱因斯坦，爱因斯坦聚精会神地抱着这个奇妙的东西端详了许久。

他发现，这个罗盘不管怎么转，那根细细的红色磁针总是指向北边。这让爱因斯坦感到从未有过的好奇。他想，一定是有什么东西深深地隐藏在这件奇特的东西后面，否则不会出现这么奇妙的事。

这给爱因斯坦幼小的心灵留下了极为深刻而持久的印象，唤起了他那强烈的好奇心。

"爸爸，这个圆盘的后面藏着什么东西吗？"

海尔曼用手翻转罗盘，让爱因斯坦前前后后看个清楚，然后对他说：

"就像你看到的这样，圆盘里面除了这根指针，什么都没有。"

"那么，它的指针为什么总是指着同一个方向呢？"

"那是因为磁力，是地球的磁力使它永远指向北方。"海尔曼向儿子解释说。

"磁力？磁力是什么？它藏在哪里？我怎么看不见它呢？它能使圆盘的指针转动，可我为什么感受不到它呢？……"小爱因斯坦一个接一个问题地问，海尔曼都不知道该怎么回答他了。

后来，爱因斯坦在67岁时写的《自述》中说到了这件事：

> 当我还是个四五岁的孩子，在我的父亲给我一只罗盘的时候，我经历过这种惊奇。罗盘以如此确定的方式行动，根本不符合那些在无意识的概念世界里能找到位置的事物的本性。我现在还记得，至少相信我还记得，这种经验给我一个深刻而持久的印象，我想一定有什么东西深深地隐藏在事物的后面。凡是人从小看到的事情，不会引起这种反应——他对于物体下落，对于风和雨，对于月亮不会从天上掉下来，对于生物与非生物之间的区别等等，都不会感到好奇。

罗盘的奥秘深深地触动了爱因斯坦敏感而早熟的童心，虽然他的问题没有在父亲那里获得全部答案，但他并没有放弃。此后一连很多天，家人都看到他每天拿着那个小罗盘，一次又一次地重复摆动、翻转、思考、摇头……就像着了魔一样。

（三）

在家庭女教师被爱因斯坦吓跑后，海尔曼先生便决定将他送到学校读书，希望这可以让爱因斯坦的脾气改一改。

1885年10月1日，爱因斯坦被父亲海尔曼送到了慕尼黑城里一所不错的公立天主教小学上学。

在办理入学手续时，海尔曼先生将爱因斯坦带到音乐老师面前说，希望每天放学后，老师能够教授爱因斯坦学习演奏小提琴，这是他太太的意思。

音乐老师是当地有名的小提琴家，他很高兴地将海尔曼父子带到音乐教室里，并仔细地看了爱因斯坦的手指，然后让他随意地唱歌。

爱因斯坦开口便唱了他小时候就听熟了的"催眠曲"，声音有些发抖。老师睁大眼睛鼓励他说：

"别紧张，阿尔伯特，你会唱得不错！你还会唱什么呢？"

爱因斯坦又唱了几首，老师说：

"上帝，我听见了多瑙河的水声，看到了哥特式大教堂的塔尖。你唱的好像是巴伐利亚一带的民谣，这是谁教你的？"

"是我太太，老师。"海尔曼先生恭恭敬敬地回答说，"我们过去曾住在巴伐利亚的乌尔姆，阿尔伯特就是在那里出生的。我太太波琳喜欢音乐，经常到乡间去采风，回来就会教给孩子。"

老师点点头，然后打开钢琴，开始弹奏。爱因斯坦眯着眼睛，跟着节奏轻轻地晃动着大脑袋。

老师看了他一眼，问道：

"孩子，你感受到了什么？"

"鱼。老师，有鱼在游。"

老师停止弹奏，然后笑着转过身，对海尔曼说：

"海尔曼先生，我刚才弹奏的是舒伯特的《鳟鱼》。祝贺您，阿尔伯特以后一定能够成为一个天才的音乐家。"

从这天开始，爱因斯坦就开始每天背着书包，带着一把小提琴去上学了。由于不爱说话，同学们都不爱理睬他，还给他取了一个外号，叫他"无聊的约翰"。

在学校里，爱因斯坦除了喜欢空想和拉琴外，并没有表现出特别的才能来。他念的学校是一所古典式的预科学校，教学方式呆板而枯燥，这完全不合他的口味。每天上课，要么是死记硬背那些拉丁语法和希腊语法，要么是背诵那些枯燥乏味的历史大事记。教师们都仿效军官的样子，学生们看起来则像士兵。

爱因斯坦后来在回忆这段学习经历时，曾这样说：

"对我来说，小学老师就好像是士官，而中学老师好像是尉官。"

学校教条式的教育抑制了爱因斯坦的才华，那些死记硬背的功课全都令他感到不满和厌恶。因此，他的成绩也十分不好，老师们经常责备他"不守纪律，心不在焉，想入非非"。

一位教师还对他说：

"爱因斯坦，你永远都不会有什么出息的！"

而另一位教师干脆就让海尔曼将爱因斯坦领回家，因为觉得他出现在教室里有损其他学生的尊严。

这种专横、强制的教育方式早就让爱因斯坦感到不满了，不过幸好他还比较喜欢数学。每天在课间休息时，同学们都跑出去玩，爱因斯坦就一个人孤独地留在教室里，在纸上无聊地做数学题，课本上没教过的那些练习题他都做，一直到把每个题目都解答出来，他才会露出满意的笑容。

　　一次，一群青年学生包围了从德国移居美国的爱因斯坦，要他用"最简单的话"解释清楚他的"相对论"。当时，全世界只有几个科学家能理解"相对论"。爱因斯坦微笑着对这些青年说："比如说——你同一个美丽的姑娘坐在火炉边，一个钟头过去了，你觉得好像只过了5分钟！反过来，你一个人孤单地坐在热气逼人的火炉边，只过了5分钟，但你却像坐了一个小时。——喏，这就是相对论！"

第二章　迷上自然科学

一个对社会的价值，首先取决于他的感情、思想和行动对增进人类利益有多大作用。

——爱因斯坦

（一）

在当时的德国学校里，老师除了教授学生阅读和数学、历史之外，还会教宗教。慕尼黑大部分居民都是天主教徒，因此爱因斯坦学会了许多关于天主教的知识。老师所教的，和他自己的犹太牧师所教的并没什么太大的差别。

有一天，上历史课时，老师讲到了宗教和耶稣的故事。最后，历史老师有点激动地说：

"耶稣蒙难，是被他的弟子犹大出卖的！成了囚徒的耶稣，背着沉重的十字架，赤脚走在棱角尖锐、锋利的石子路上，后来和那些强盗土匪一起，被钉死在十字架上！"

为了加强感染力，老师还拿出一件道具——根生了锈的大铁钉，说：

"主啊，就是这根铁钉，让你受难！我们世世代代都要诅咒那出卖老师的犹太人犹大！"

爱因斯坦所在的学校是一所天主教学校，其中只有爱因斯坦一个人是犹太学生。所以老师说完这句话后，孩子们的眼光一下子都转向了爱因斯坦。爱因斯坦第一次感受到了什么叫屈辱。

在回家的路上，父亲海尔曼发现儿子心事重重的，就问他怎么了。

"爸爸，我们是德国人吗？"爱因斯坦抬起头问父亲。

"是的，我们的祖国是德国，那是生养我们的国家。"

"可是爸爸，"爱因斯坦的语气急促起来，"为什么我又是犹太人呢？"

"孩子，你是！我们全家，都是犹太人！"海尔曼表情严肃地说，"我们是伟大的德国人，但从血统上来说，我们也是伟大的犹太民族！"

海尔曼明白，成长中的儿子遇到了不可回避的宗教问题。他们几代人一直都不在犹太住宅区生活，而是居住在普通的德国人当中。时间长了，他们犹太人的宗教和生活习惯概念已经淡薄了，因此爱因斯坦至今还不知道犹太民族的宗教和历史。

于是，海尔曼就认真地告诉儿子说：

"背叛上帝的只是一个名叫犹大的犹太人，将耶稣钉在十字架上的是罗马的暴君。你更要知道，耶稣本人，也是我们犹太人。"

爱因斯坦沉默了。他想，犹太人当中出了一个卑鄙的犹大，可是也出了一个救世主耶稣，为什么老师只说犹大是犹太人，而不告诉大家，上帝也是犹太人呢？

此后每天放学后，爱因斯坦最大的乐趣就是独自一个人沿着伊萨河的河岸，走上很长一段路。他经常停下来休息，然后回想着有关教会的事，有时他还偷偷地溜到圣母教堂的最后几排座位上，坐下来凝视这座光线阴暗的大教堂墙壁上那些先知和圣徒们的雕像。

在这宁静而幽暗的气氛中，爱因斯坦企图寻找出那些一直困扰他的问题的答案：上帝是否像爱基督教徒那样爱犹太人？宗教老师经常说："神是我们的父亲，我们都是他的孩子"，既然大家都像是一家人，为什么基督徒还要把他们的教堂和犹太人的教堂分开呢？

他想不清楚这些问题，也不愿意与父亲讨论，因为父亲并不关心这些。对爱因斯坦来说，在每天都会增加一点困惑的世界中，这也只不过是另一个令他感到困惑的问题之一而已。

因此，在此后的几年中，爱因斯坦就这样在孤独和困惑中度过。他对学校的厌恶，只有在放学后到湖边或山间休息时，才能稍微获得缓解。

（二）

爱因斯坦9岁那年，进了慕尼黑一所很有名的路易波尔德高级中学。

在1888年时，德国正处于俾斯麦执政的强盛时期。由于军国主义的铁血政策，使学校这块圣地也实行了军事化的管理模式。

开学后，爱因斯坦领到了路易波尔德高级中学的校服。这套校服完全是陆军深蓝色军官服的仿制，帽子的前面还镶着金属做的"G"字形帽徽，十分引人注目。有的同学当场就穿戴起来。整个大礼堂仿佛变成了军营。

校长很兴奋地对同学们说：

"我的士兵们，你们的领章上都有你们的学衔：一年级是一道银带，二年级是两道。升到五年级后，就可以换成一道金带了。等你们八年级毕业的时候，全都是四道金带的——"

一些热血沸腾的同学们听完，马上齐声高呼起来：

"将——军——阁——下——"

校长也高兴地大喊起来：

"路易波尔德高级中学，万岁!"

在这种狂热的气氛中，爱因斯坦一个人默默地提着校服包离开了。

海尔曼先生看到儿子回来，开心地说：

"哦，我们的中学生回来了。"

爱因斯坦没有做声。

母亲波琳接过儿子的校服包，把衣服拿出来看了看，惊讶地说：

"上帝啊，穿上它，就会让人想起可怕的战争！"

听了妈妈的话，爱因斯坦嘟囔了一句：

"小学是小军营，中学是中军营，那么大学可就是大军营了。"

"爸爸，为什么世界上要有军队，为什么要有杀人的枪炮呢？"

海尔曼先生不知道该怎么回答儿子的这个奇怪的问题。

路易波尔德高级中学是一所教学管理十分严格的学校，学生们稍有违规行为，就会遭受到严苛的体罚。爱因斯坦是个很安静的孩子，不顽皮，也不惹事，总是默默地坐在教室里。不过看到有的同学被拧耳朵、被教鞭抽打时，他就会感到窒息。

学校的大部分时间都用来教授希腊文和拉丁文，爱因斯坦对这两种文字十分痛恨，不过后来他却从希腊古典文学中获得了许多灵感。

在年幼的时候，爱因斯坦觉得这两种文字不但枯燥无味，而且还艰涩难懂。对于一个不喜欢"操练"的学生来说，这两种语言实在是没有意义，爱因斯坦也越来越感到不耐烦。

因此在课堂上，他常常会一个人默默地思考着那些令他感到困惑的问题。有人说，想要找出事情的"原因"和"经过"的，就是科学家。这样说来，爱因斯坦早已是一个科学家了。

学校的生活同样没有让爱因斯坦感到快乐。爱因斯坦觉得，在这样的学校里上学根本就不是学知识，而是受罪！只有数学和物理能够引起他些许的兴趣，因为他本来就喜欢数学和物理，但这些学科在路易波尔德中学教起来，也像军事训练一样乏味。爱因斯坦因为学不会，也不愿意背书，结果记分册上没有一门功课的成绩是可以夸耀的。

不仅如此，他还不止一次地听到老师在背后说他笨，这让爱因斯坦又伤心又难过。

这个时期，小爱因斯坦主要是靠自己学习一些感兴趣的功课。在这方面，父辈兄妹五个人中唯一一个上过大学的雅各布叔叔帮了他很大的忙。

雅各布是个工程师，也是个数学爱好者，还是一位善于谆谆教诲的好老师。但那时爱因斯坦还不知道什么叫代数，什么叫几何。

"代数吗，是一门十分有趣的科学。解代数题就像是一场狩猎活动，就好像要捕获的猎物，无论它怎样深藏不露，猎人都有办法通过各种已知的条件和线索，一步步将它搜寻出来。"

"几何吗，那就更有趣了。而且比起代数来，几何是一门需要更高智慧的学问，是一种对人的智力的更大考验……"

雅各布叔叔边说着，边在纸上画了一个直角三角形，并在三角形的三个顶角上标上了A、B、C三个字母，然后问爱因斯坦：

"你仔细看看，这个直角三角形的三条边相互之间有什么关系？"

爱因斯坦看了半天，觉得这三条边好像差不多长，看不出它们之间有什么关系。

接着，雅各布叔叔在纸上又写下了一个公式：

$a^2+b^2=c^2$

然后又对爱因斯坦说：

"这个公式的意思是说直角三角形的两个直角边的平方和，等于斜边的平方。"

爱因斯坦对这个三角形看了半天，对这个公式有些怀疑：这个三角形的三条边明明是差不多长，怎么会有这样的关系呢？

于是，他就用手指当尺子，在图上量来量去的。

看到爱因斯坦的样子，雅各布叔叔笑了起来，对他说：

"孩子，不用这样去量。这个公式对所有的直角三角形都适用，无论它们的形状、大小怎样变化，这三条边的关系都是不会变的。这个公式已经经过严密地证明了，是绝对不会错的。这就是几何学上著名的毕达哥拉斯定理。毕达哥拉斯是生活在2000多年前古希腊的一位数学家，这个定理就是他证明出来的。孩子，2000多年前的古人就证明了这个定理，你要不要也证明一下看看？"

雅各布叔叔的这个建议极大地激发了爱因斯坦的好奇心和好胜心，他真的决心要试一试。

（三）

一连几个星期，爱因斯坦都完全沉浸在他以前从未接触过的几何学的迷宫当中。最后，他终于得出了一个结论：对直角三角形三条边的关系起主要作用的是其中的一个锐角。在思考过程中，他自己做了一些合理的假设，最终将这个定理证明出来。

当爱因斯坦将自己的证明拿给雅各布叔叔看时，雅各布叔叔简直喜出望外。他没想到，这个刚刚12岁的少年会真的能够独立地将毕达哥拉斯定理证明出来。

几天后，雅各布叔叔送给爱因斯坦一本名叫《圣明几何学》的书，是欧几里得写的。爱因斯坦如获至宝。

雅各布叔叔告诉爱因斯坦，欧几里得是平面几何学的创始人，也是古希腊的大数学家，这是一本人类的智慧之书。

爱因斯坦翻开书，发现里面都是计算式和各种各样的图，有些很像埃及长老的藏宝图，看上去有一种很神秘的感觉。他一下子就喜欢上了这本书。

雅各布叔叔又说：

"这本书很难懂的，有时候可能你几天也读不了一页呢。"

"我不信！"爱因斯坦有点不服气。

雅各布叔叔笑了，他随意地翻到一页说：

"这一页有两道题，你试试看，要花多少时间能解出一道来？"

爱因斯坦看了一下，第一道题只有几个字：

"三角形的三条高相交于一个点。"

看上去这好像是个很简单的题目，可琢磨起来却又让人感到高深莫测，他有些迷糊了。

雅各布叔叔拿起一支笔，在白纸上画了一个很大的三角形，然后画上几条辅助线，点上几个点，再注上几个字母，然后把题目向爱因斯坦又解释了一遍，最后说：

"认真思考一下，给你一个礼拜时间，看看我的侄儿有没有猴子那样聪明。"

接下来的几天，爱因斯坦便时刻都在思考着这道几何题。在学校里，同学们在操场上游戏、打球时，他就一个人坐在围墙边的灌木丛里，用一根树枝在地上画来画去，都是些同学们看不懂的图形。

开始时，他总是在三条边和它们的高上找关系，后来又添加一些辅助线，还是没有解答出来。

这天在家里，他又思考起这道题目来。想着想着，他不知不觉来到院子里。院子很大，种着很多花草和冬青树，也堆着一些杂物。在围墙边上有两个很大的蚂蚁洞，两窝蚂蚁常常打仗，黑压压的一片。小时候，爱因斯坦常常在这里一蹲就是半天。

突然，爱因斯坦看见在蚂蚁窝上面，在墙和蔷薇之间，结了一个很大的蜘蛛网，一圈圈多边形的蛛网正在微风中晃动。一只灰黑色的大蜘蛛从网的中心垂直吊下来，正专心致志地对付着一只被网粘住的小飞虫。

爱因斯坦目不转睛地看着蜘蛛吊下来的那根丝——垂线，垂线！

他立刻想到，用垂线方法可以解开那道题。爱因斯坦飞快地冲进屋子，草草在纸上画了一下，茅塞顿开。没多久，这道题就求证成功了！爱因斯坦兴奋得蹦了起来。

接下来的几天，爱因斯坦又陆续解了好几道题。一周后，雅各布叔叔来了，爱因斯坦捧着一大摞凌乱的草稿纸，看到书上好几个题目都打上了对钩，雅各布叔叔惊奇地睁大了眼睛。

"下个礼拜天，我再送给你一本书，"雅各布叔叔说，"也是欧几里得的，名叫《欧式大代数》，它的难度更大，因为代数没有直观的图形，全靠自己的思维想象。"

"太好了，谢谢叔叔！如果将来我能当个数学家，那可真不错！"爱因斯坦兴奋地说。

（四）

在爱因斯坦中学时期，有两个人带领他步入了自然科学领域，一个是他的叔叔雅各布，另一个是一位来自俄国的犹太大学生马克·塔尔梅，当时在慕尼黑大学读医学。

在爱因斯坦读中学期间，父亲海尔曼会遵照古老的犹太习俗，每周都会邀请一些贫苦的学生到家中用餐一次。如果某位学生有幸多次接受这种定期的邀请，在求学期间就不会害怕饿肚子了。

每周四到海尔曼家中吃晚餐的人当中，就有塔尔梅。塔尔梅虽然是学医学的，但他对其他的自然科学知识及哲学等均有很浓厚的兴趣。他对小爱因斯坦超常的求知欲望和学习能力很惊叹。

一开始时，塔尔梅总是与爱因斯坦谈论一些数学上的问题，这引起了爱因斯坦对数学的浓厚兴趣。厌倦学校枯燥的教学方式的爱因斯坦干脆自己学起了微积分知识。他所提出的各种数学题，经常弄得中学老师张口结舌，不知该怎么解答。因此，在学校里，爱因斯坦的数学成绩总是第一，但老师却并不喜欢他。

不过，塔尔梅却并不嫉妒爱因斯坦，虽然不久后他就发现自己已经不是爱因斯坦的对手了，但他依然热情地为爱因斯坦介绍当时流行的种种自然科学书籍以及康德的哲学著作，尤其是布赫纳的《力和物质》、伯恩斯坦的《自然科学通俗读本》等，这些作品都给爱因斯坦留下了深刻的印象。

《力和物质》与《自然科学通俗读本》在当时是风行一时的两本书。前者讲宇宙是按照永恒的机械性循环运行的，世界是由自然科学和力所操纵着的；后者讲的是星和陨星、地震和风暴等许多自然科学方面的故事。

由于这些书都是主张无神论的，因此在中学是禁止阅读的，爱因斯坦只能偷偷地在家里看。书中的内容将一个井然有序的自然界展现在爱因斯坦面前：宇宙、自然界的人，一切都似乎有规律；今天的人是从昨天发展来的；有昨天、今天，就必然会有明天；知道了世界的图景，我们可以上溯千年，也可以下推千年，以往的世界和未来的世界我们都可以看得清清楚楚。

但这也令爱因斯坦感到惊讶：那么万能的上帝呢？这些书引起了爱因斯坦思想上的巨大震动和深刻变化，这从他后来自己的回忆中就能明显地看出来。

这些信仰在我12岁的时候就突然中止了。由于读了通俗的科学书籍，我很快就相信《圣经》里的故事有许多不可能是真实的。

其结果就是一种真正狂热的自由思想，并且交织着这样一种印象：国家是故意用谎言来欺骗年轻人的，这是一种令人瞠目结舌的印象。这种经验引起了我对所有权威的怀疑，对任何社会环境里都会存在的信念完全抱一种怀疑的态度。这种态度从此就再也没有离开过我，即使到后来，由于更好地搞清楚了因果关系，它已经失去了原有的因果性时也是如此。

我很清楚，少年时代的宗教天堂就这样失去了。这是使我自己从仅仅"作为个人"的桎梏中，从那种被愿望、希望和原始感情所支配的生活中解放出来的第一个尝试。在我们之外有一个巨大的世界，它离开我们人类而独立存在，它在我们面前就像一个伟大而永恒的谜，然而只少部分是我们的观察和思维所能及的。对这个世界的凝视深思，就像得到解放一样吸引着我，而且我不久就注意到，许多我所尊敬和钦佩的人，在专心从事这项事业当中，找到了内心的自由和安宁。在向我们提供的一切可能的范围里，从思想上掌握这个在个人以外的世界，总是作为最高目标而有意无意地浮现在我的心目中……

通向天堂的道路，并不像通向宗教天堂的道路那样舒坦和诱人。然而，它已证明是可以信赖的，而且我从来也没有为选择了这条道路而后悔过。

这表明，作为科学探索前提的唯物主义思想，爱因斯坦早在12岁的中学时期就已经开始产生了。

第三章　远离精神牢笼

探索真理比占有真理更为可贵。

——爱因斯坦

（一）

爱因斯坦越来越不喜欢学校里的课程了，因为教学的进程太缓慢。即便是一个很简单的定理，也要讲上好几节课，令他感到十分厌烦。

数学老师也发现了爱因斯坦的变化，因为上课的时候，他不再像以前那样表现出旺盛的求知欲了。

有一天，数学老师在上课时看到爱因斯坦好像有些心不在焉，就让他到讲台上来，在黑板上演算一道要运用圆周率的题目。

爱因斯坦看了看题目，然后拿起粉笔刷刷刷地写起来。同学们和老师都看得目瞪口呆：爱因斯坦写的都是一些什么符号啊？一道小题目，他居然密密麻麻地写了满满一黑板！

数学老师看了半天才明白，这道题目原本只需要直接运用圆周率就可以解出来，可爱因斯坦却将圆周率也作为未知数，竟然用微积分的知识在式子中将它计算出来了！

看到同学们不解的目光和惊讶的表情，老师向同学们解释了原因，同时也表扬了爱因斯坦这位天才学生，可心里却有些不是滋味。

有一次，数学老师向物理老师谈起了爱因斯坦的这件事，没想到物理老师的反应十分强烈，一口咬定爱因斯坦是在向老师挑战。

原来，物理老师在讲牛顿第一运动定律时，课间，爱因斯坦就用高等数学在黑板上演算了第二、第三运动定律的推导，同学们都众星捧月般地将他围在中间，而物理老师却被晾在了一边，这让他的自尊心深受伤害，因此对爱因斯坦特别不满。

这一天，班长走到爱因斯坦跟前，告诉他说，训导主任弗里德曼要他去一趟。爱因斯坦忐忑不安地走到训导室。弗里德曼主任见爱因斯坦进来了，就口气很平和地问他：

"你最近在读些什么书？"

爱因斯坦小心翼翼地回答：

"《通俗科学大系》天文册。"

弗里德曼主任听完，忽然笑了起来，说：

"这可是好书啊！听说你还经常拉小提琴？"

"是的，我有时候还会弹弹钢琴。"爱因斯坦紧张的神经渐渐放松下来。

"哦，你学微积分，用的谁的书？学了多久？"弗里德曼主任又问。

"律布森的教材，只学了两年。"爱因斯坦有些得意。

"哦，才两年，那应该学到无穷级数了吧？"弗里德曼主任问，"你在读天文册，那你能不能告诉我，宇宙有多少质量？宇宙中有多少个星系吗？"

"先生，宇、宇宙是无限的……"爱因斯坦小心地回答，他感到有些害怕。

"哦，你原来还是跟在大师们的后面啊！"弗里德曼主任突然提高了嗓门，"阿尔伯特·爱因斯坦先生，宇宙是无限的，科学也是无限的，就是人对本身的了解，也是充满了许多未知数——你的前面有这么多的大师，都是从加减乘除一步一步学起的。所以请你记住，学问是无止境的！"

这天放学后，爱因斯坦没有搭乘马车回家，而是一个人沿着郊外的车道慢慢走回去的。他感到有些沮丧，但是，弗里德曼主任说的也没有错，一切都是无止境的：天空是无止境的，宇宙是无止境的，学问也是无止境的……

（二）

在塔尔梅的帮助下，短期内阅读了20多本著作后，爱因斯坦的知识更加丰富了。但他知道，最好不要在学校里与老师谈论这些书中的内容，幸好雅各布叔叔和塔尔梅可以成为他很好的听众。

"当然，我可以在化学和生物方面给予你指导，"塔尔梅说，"但是，我希望我在数学方面的了解能与你一样。当你解出我们不会的问题时，我总是觉得自己很笨——毕竟我比你大10岁，而且，我还是个大学生。"

这让14岁的爱因斯坦高兴地羞红了脸，像这样的赞美多么宝贵啊！在学校里，可从来没有人这样赞美过他。不但没有赞美，他还经常受到老师的批评和打击。他不知道，当他的数学老师发现他这个羞怯而沉默的学生已经自学了他尚未在班里讲过的几本教科书时，将会怎么样。

"其实很简单，"爱因斯坦说，"几何与微积分的一切都计划得相当完美，就像是舒伯特的小夜曲一样。"

爱因斯坦完成沉浸在自己对各种学问的求索之中，完全没有注意到父亲海尔曼先生已经不像以前那么乐观了。雅各布叔叔来的次数也少了，来了也不再像以前那样与他说说笑笑的，而是在书房里与父亲谈事情。

有一天，居住在意大利的一个名叫加洛尼的亲戚寄来了一封信。第二天，父亲便把爱因斯坦叫到书房，把这封信给他看。

这是一封商业信件，上面写的都是电工器材在意大利的市场销售情况。爱因斯坦感觉有些疑惑，就问父亲：

"我们是准备在美丽的意大利销售产品吗？"

"是的，阿尔伯特，"海尔曼先生说，"不仅仅是销售，我们还要在那儿生产。"

"太好了，我们可以到海边居住了！"爱因斯坦高兴地说，"表妹伊丽莎常说，意大利是一个特别美丽的国家。"

"孩子，你已经长大了，我想有些事情应该让你知道。"海尔曼先生脸色凝重，一字一句地说，"我们德国的工厂出了些问题，产品没有销路，工厂没办法再继续办下去了，我们一家人的生活很快就会举步维艰。所以我和雅各布叔叔商量，决定把工厂搬迁到意大利去。"

"哦，爸爸，"爱因斯坦收敛了笑容，"那么什么时候走？我还要去办理退学手续呢。"

"不，"海尔曼先生说，"我和你母亲商量过了，我们，包括玛雅都去意大利。而你，一个人留在这里完成学业。"

听了父亲的话，爱因斯坦愣住了：

"我不能转到意大利的学校吗？我一个人在这里生活会很不习惯的！"

"阿尔伯特，我了解过了，意大利的学制与德国不一样，如果你去的话可能很难一下子入学。所以，我还是希望你能继续留在慕尼黑学习。等拿到中学的毕业证书，你就可以去意大利上大学。"海尔曼先生说。

海尔曼希望儿子能够顺利拿到毕业文凭，有了文凭，他才能进入大学，获得电气工程师的资格。这是父亲为爱因斯坦规划的人生道路。

1894年6月，爱因斯坦一家除了爱因斯坦外都迁居到意大利，爱因斯坦暂时住在一位老太太的家中，这让生性孤僻的他有些意志消沉，心神不定。

在过去的十多年中，爱因斯坦一直都没有离开过自己的亲人，学校那种死记硬背和强行灌输的教育风气让他讨厌，所以一放学他就往家里跑。家里的气氛是自由的，他可以静静地思考那些自己最感兴趣的问题，看自己喜欢看的书；而现在，他一下子离开了亲人，再也没有那个避风港了！他必须孤零零地生活，独自面对严酷的现实世界。

（三）

在学校里，爱因斯坦的数学成绩是出类拔萃的，但他对那些死记硬背的东西依然不感兴趣，也不愿意去背，所以成绩很一般。

爱因斯坦曾回忆说：

"我讨厌那种没有思想、机械呆板的教学方法。因为记忆单词的能力不强，并且很难有效果，这给我带来不少麻烦。我宁愿承受所有的惩罚，也不愿喋喋不休地背诵。"

由于成绩不好，加之性格孤僻，爱因斯坦在中学时代与老师之间始终都有一种隔阂，老师们嫌他"生性孤僻，智力迟钝"，并经常责备他。

有一次，海尔曼先生问学校的训导主任，自己的儿子将来适合从事什么职业，这位主任毫不客气地回答说：

"你的儿子做什么都无关紧要，他反正将会一事无成！"

除了爱好数学、物理和自然科学，爱因斯坦的另一项爱好就是音乐了，更具体地说应该是拉小提琴。莫扎特的奏鸣曲所包含的艺术内涵令他陶醉，他用小提琴倾诉自己的心曲。动听的乐曲不仅让他暂时忘掉了学校里的烦恼，也抚慰了他那颗尚幼小就受了伤的心。

不久，母亲波琳给爱因斯坦来信了，向他提到了米兰灿烂的阳光和美丽的风景，这让爱因斯坦十分心动，同时也令他对学校生活更加厌烦，恨不得马上就回到亲人身旁。爱因斯坦绝望地想：

"就算是我拿不到毕业文凭，我也要离开这里，回到他们身边！"

就在父母和妹妹玛雅离开他六个月后，爱因斯坦私自决定到米兰去与他们团聚。他知道，至少在数学方面，自己的程度已经超过了高等学校的毕业生。他对自己说：

"这样一来，我不就可以不需要文凭而进入大学了吗？"

但是，怎样才能顺利地离开路易波尔德中学呢？经过冥思苦想，爱因斯坦终于想到了一个办法：他请求学校的医生为他开具一张诊断书，证明他因为神经衰弱需要离校前往意大利父母处休养。

要做到这一点并不难，因为他平时就行为古怪、性格孤僻，学校的老师和同学们都认为他神经上有些问题，所以他很顺利地拿到了诊断书。

接着，他又去找自己的数学老师，想请他给自己写一封证明信，证明他已经具备充分的高等数学知识，不需要大学预科文凭便可以进入大学学习。

做到这一点也不难，因为爱因斯坦的确已经在数学老师面前表现出了超人的数学能力，而且还经常在课上提出许多把老师难倒的问题。只要数学老师不记恨他，是会给他开这封证明的。

就在这个时候，发生了一件意外的事，让爱因斯坦的愿望提前变成了现实。

这天，学校的训导主任弗里德曼又把爱因斯坦叫到了办公室，十分严肃地对他说：

"爱因斯坦先生，如果你想离开这所学校的话，我将会非常高兴！"

爱因斯坦怔了一下，但很快就领会了这句话的含义，于是问道：

"训导主任先生，您的意思是说，我已经被学校勒令退学了是吗？"

"一点不错。据好几位老师反映，由于你的存在，已经破坏了学生对老师的尊敬！你带坏了班级的风气！"

爱因斯坦明白了，他心里长长地松了一口气，想不到事情竟然这么容易就解决了，这下倒省得自己为离不开学校而为难了。而且，在父母面前也好交代了。如果是自己退学，父母说不定不会答应，甚至可能强迫他重新回来完成学业；而现在，学校勒令他退学，父亲也就没办法了，最多也不过是狠狠地批评他一顿罢了，那与继续在这所学校上学比起来，实在不算什么！

不过，被学校勒令退学，对16岁的爱因斯坦来说还是一次比较大的打击，也是他人生道路上遭到的第一次挫折。几年后，他在给一位同班同学的信中说：

"我发现了一个处世秘诀的公式，它可以用下列方程式表示出来——X=A+B+C。这里X代表生活方面的成就，A代表劳动，B代表休息，C代表紧闭嘴巴！"

这无疑包含了对自己人生最初经验的总结，也反映出爱因斯坦在当时已经达到的思想深度。

1895年的春天，爱因斯坦乘坐南下的火车，离开慕尼黑，穿过阿尔卑斯山，前往他日夜向往的意大利，那里有他的父母、他的妹妹以及他全新的生活。

爱因斯坦曾为一对年轻的朋友证婚。几年后，这对夫妇带着小儿子来看望爱因斯坦。孩子看了爱因斯坦一眼，马上就嚎啕大哭起来，弄得这对夫妇很尴尬。而幽默的爱因斯坦却摸着孩子的头，高兴地说："你是第一个肯当面说出对我的印象的人。"

第四章　求学苏黎世

　　一个人在科学探索的道路上走过弯路、犯过错误并不是坏事，更不是什么耻辱，要在实践中勇于承认和改正错误。

——爱因斯坦

（一）

　　意大利是一个迷人的国家，也是一个艺术王国。古罗马的教堂、博物馆、绘画陈列馆、宫殿以及风景如画的农舍……随着火车的飞驰，这一切都进入到爱因斯坦的眼帘。

　　一出米兰火车站，爱因斯坦就被这里美丽的异国风光迷住了。米兰位于伦巴底平原上，南国的温暖阳光和海洋性气候的季风一下就让爱因斯坦的精神振作起来。他坚信自己退学的决定是正确无误的。

　　父亲海尔曼到车站来接他。爱因斯坦告诉父亲，他打算放弃德国的国籍，也不打算再信任何宗教了；他还告诉父亲，自己在思考什么问题，将来准备从事什么工作。

　　但是，海尔曼对爱因斯坦的想法却有些反感，他一路上不停地唠叨着：

"把你的那些哲学上的胡思乱想统统丢掉吧！想办法学点有用的东西，将来当个机电工程师吧！……你自己也可以领会得到，天文学家和小提琴家在我们这个时代并不那么迫切需要！"

而且他还告诉爱因斯坦，他在米兰新开设的电器厂又破产了。

"我再也无法供你金钱了，"海尔曼说，"既然你已经退学过来了，那么就必须先找一份工作。如果你能取得高等学校的毕业证书，那么你可以进入大学读书。"

米兰的德语学校只收13岁以下的学生，爱因斯坦这时已经16岁了，不能上学了。找工作的话，他的年纪又太小，所以他只好整天待在家里，这下子可彻底自由了！爱因斯坦开始阅读歌德和席勒的诗歌，到博物馆去欣赏米开朗基罗的绘画和雕塑，还独自徒步越过亚平宁山脉，到濒临地中海的热那亚去漫游……

晚上，他就住在小客栈里，听各类过往客人讲故事，也听乡下人向他诉说他们的贫困。这给爱因斯坦留下了很深的印象，也引发了他对穷人的深切同情。

有时，爱因斯坦也不知道自己身在何处，因为思考问题会令他忘掉一切。最近有个不太容易解决的问题困扰着他，那就是如果光线的接收器（如摄影机或人的眼睛）随在光线的后边，用和光线相等的速度前进，结果将会发生什么情形？

在那个时候，光波对于这个接收器来说，已不再是奔驰在空间的光波，而是好像原地凝固不动一样，就像放映机发生故障时在银幕上停住不动的映像一样。这种现象在自然界从未看到过，而且从理论上来说，这一连串的推理中一定有一个错误混在里面了。但是，错误在哪里呢？这就是同狭义相对论有关的第一个朴素理想实验。

另外，爱因斯坦还在思考着，光在以太中传播，但以太这个东西无处不在，却又无影无踪，它到底是什么东西呢？

为此，爱因斯坦还写了一篇论文寄给住在比利时的雅各布叔叔。论文的题目是《关于磁场中以太研究的现状》。这是爱因斯坦在16岁时写出的生平第一篇科学论文，尽管内容很幼稚，但却是这位伟大的科学家在自己探索的道路上勇敢迈出的重要的第一步。

不过，海尔曼对儿子的这些研究和思考并不感兴趣，现在儿子既不上学也不能出去工作这件事让他很犯愁。爱因斯坦没有高中毕业文凭，将来要进德国大学也不行。不过，瑞士的苏黎世倒是有一所"联邦工业大学"，18岁以上的同等学历学生也可以报考。当时爱因斯坦虽然只有16岁，但他的数学成绩很出色，也许可以被破格录取呢！

就这样，1895年秋，爱因斯坦接受了父亲的建议，并通过母亲波琳的关系，又登上了开往苏黎世的列车。

（二）

苏黎世是瑞士首都，联邦工业大学当时在欧洲享有很高的盛誉。按照它的规定，凡是年满18岁的高中毕业生或同等学历者，均可报名入学。

由于年龄不够，母亲波琳多方求人，爱因斯坦才被获准参加联邦工业大学的入学考试。

数理科考试对爱因斯坦来说都是十分轻松的，但文史科和动植物科却难住了他，他感到不是太有把握。

第二天发榜，在教学大楼大厅的告示牌上，爱因斯坦没有看到自己的名字，这让他感到从未有过的失落。

不过，他的物理和数学成绩的出色却引起了学校教授和校长的注意，这给了爱因斯坦一线希望。

校长赫尔泽克是一位身材修长、举止文雅的长者，他十分欣赏爱因斯坦非凡的数学水平以及渊博的数学知识。在仔细地倾听了爱因斯坦关于退学情况的说明后，他说：

"爱因斯坦先生，我很惊讶于你的数理卷解答——这是阅卷组组长韦伯教授推荐给我的。可是，学校的宗旨是培养T型人才，就是在学识全面的基础上精专一科。"

"如果你愿意，"赫尔泽克校长接着说，"我想推荐你去瑞士阿劳州立中学进修一年，在那里取得毕业证书后，你将可以直接进入本校学习。"

"我很愿意，尊敬的校长先生，非常感谢您！"爱因斯坦站起来，深深地向校长鞠了一躬。

不久，爱因斯坦便来到了距离苏黎世不远的阿劳小镇上。依山傍水的小镇，美丽如画的景色，一点也引不起爱因斯坦的兴致。而当他踏入州立中学的大门时，他的心情更是沉重极了。

事实上，这所中学无论在教学方法上，还是在师资力量上，在当时都是苏黎世最为先进的。但阿劳州立中学与路易波尔德高级中学相比，显得实在太寒酸了。可按照海尔曼先生的话说，这才是办学的好地方，学生可以专心致志地求学，避免许多不必要的外界影响。

爱因斯坦被分配在毕业班里学习，辅导老师是温特莱教授。温特莱教授不仅知识渊博，也擅长教育心理学。

教授带着爱因斯坦在学校里到处参观散心，并让自己的妻子和7个孩子都与爱因斯坦交上了朋友。很快，爱因斯坦就在温特莱教授的帮助下摆脱了抑郁的心情。

后来，爱因斯坦在他的《自述》中，感慨地回忆起了他在阿劳中学那一年的时光：

　　这个学校的自由精神和那些毫不依赖外界权威的老师们的淳朴热情给我留下了十分深刻的印象。同我在那所处处让人感到权威指导的路易波尔德中学的6年学习相比，我深切地感受到：自由行动和自我负责的教育，比起那种依赖训练、外界权威和追求名利的教育来，是多么的优越啊！真正的民主，绝不是虚幻的空想……人不是机器，要是周围环境不允许襟怀坦荡、畅所欲言的话，人就不会生气勃勃了……

　　阿劳中学虽然规模不大，但却拥有完备的实验室和实验设施，学生们可以在物理实验室或化学实验室里独立操作。在学校的动物馆里，学生们还可以使用显微镜和手术刀，完全自由地研究自己感兴趣的项目。这种学习和实验的方式，完全符合也适应了爱因斯坦进行科学研究和科学思考的习惯，从而又重新激发了他对数学和物理学的探索与思考。

　　因此，短暂而富有意义的阿劳中学的学习生活也成为爱因斯坦进行他的物理学研究的一个新的起点。

　　爱因斯坦有生以来第一次喜欢学校了。这里的老师对学生都很亲切，学生可以自由地提问，彼此也可以热烈地讨论问题。他第一次享受到这种民主和自由，开始热爱自己的生活。以往路易波尔德中学那个内向胆小、沉默寡言的少年，现在正变成一个笑声爽朗、步伐坚定、精神饱满的年轻人。他对生活的热爱，他的青春的朝气和活力都迸发出来。在同学中，他也有了自己的知心朋友，他还常常和他们一起去爬山、散步，从事各种娱乐活动。

　　一年的时间很快就过去了，爱因斯坦拿到了阿劳中学的毕业文凭，苏黎世瑞士联邦工业大学同意他正式入学。

在这一年的相处过程中，爱因斯坦和温特莱教授一家已经难舍难分了。老教授亲自驾驭着马车，全家人送爱因斯坦到火车站。他要先到米兰度完暑假，然后再返回苏黎世去上大学。

站台上，孩子们久久拥抱在一起，教授夫人哭了。爱因斯坦和温特莱教授一家结下了终生的友谊。

在阿劳中学度过的一年时间，也更坚定了爱因斯坦的一个决心，那就是不再做德国人。在刚刚来米兰时，他就曾向父亲提出过，他要放弃德国国籍。一个孩子，居然要放弃自己祖国的国籍，这是一件多么不可思议的事情！

（三）

1896年10月，过完假期的爱因斯坦出现在苏黎世瑞士联邦工业大学的校园里，作为一个无国籍的大学生，就读于师范系物理学科。从1896年10月到1900年8月，爱因斯坦在瑞士联邦工业大学度过了4年的大学生活。

物理学科是爱因斯坦十分喜爱的专业。海尔曼先生和雅各布叔叔曾劝过他，为了家族的事业，最好选读机电专科，但爱因斯坦拒绝了。此时的爱因斯坦，是个风华正茂、体格强壮的年轻人。理想和憧憬让他站在学校大楼的台阶上，仰着头说：

"这才是我向往的高等学府啊！"

在大学里，爱因斯坦选修了数学、物理以及哲学、经济、历史和文学方面的一些专业课程，但他却很少去听物理和数学的主要课程。杰出的电工学家韦伯所讲授的物理课内容爱因斯坦早已熟悉，他宁可直接去攻读物理学大师麦克斯韦、基尔霍夫、波尔茨曼和赫兹的著作。

数学课虽然也是由当时的一些著名研究者讲授的，但同样引不起爱因斯坦的兴趣，因为他已经逐渐改变了对数学的看法。

他觉得数学的分支太多、太细，每个分支都会浪费掉一个人的全部时间和精力，他担心自己永远都不会有眼光去判定哪个分支是最基础的。尽管物理学的分支也很多，但他觉得自己很快就能学会识别出那些能够导致深邃知识的东西，而将那些偏离主要目标的东西撇开。

在物理学中，尤其是理论物理学中，很容易找到本质的东西，这才是最令人激动的事。但学生时代的爱因斯坦还不清楚，在物理学当中，通向更加深入的基础知识的道路，是同最为精密的数学方法分不开的。

爱因斯坦很快就发现，在大学里，要想做一个好学生，就必须集中精力学好所有的课程，还必须遵守纪律，上课认真听讲，有条有理地做好笔记，而这些特性恰恰是他欠缺的。他不愿为此花费太多的精力，希望将时间用在学习那些适合自己求知欲和自己感兴趣的东西上。

于是，爱因斯坦便抱着某种负疚的心理，满足于做一个中等成绩的学生，"刷掉了"许多课程，然后以极大的热情向那些理论物理学的大师们学习。因此，除了物理和数学之外，他的其他功课都是成绩平平。

好在按照瑞士的教育制度，大学只有两次考试，而且更加幸运的是，爱因斯坦的一位好朋友马尔塞罗·格罗斯曼正好具备爱因斯坦欠缺的那些品质，并且十分慷慨地与爱因斯坦分享他那细致而条理分明的笔记。这也帮助爱因斯坦顺利地通过了各科的考试。

除了自己读书之外，爱因斯坦将其余时间的大部分都用到做实验上了。他贪婪地注视着那令人惊奇的一切，注视着分光镜里、真空放电管里、化学实验的仪器中和曲颈瓶中所发生的一切。

当时，牛顿是爱因斯坦的神圣偶像。小时候，爱因斯坦就经常想：为什么苹果只向牛顿落下去，如果当时落到我的头上会怎样呢？

中学时期，当爱因斯坦背得出微分、积分方程时，就利用公式求解牛顿伟大的三大运动学定律之间的关系——在200多年的科学史里，经典物理学就是以这三大定律为基础的。牛顿法则几乎成了解释一切物理现象的金科玉律。

然而升上大学后，爱因斯坦开始对经典物理学产生了怀疑，因此他和格罗斯曼常常为这个问题争论不休：

"马尔塞罗，一切物体都是在运动当中的，能量就通过运动传递，是这样的吗？"爱因斯坦边思考边问。

"当然，这是牛顿定律早就解答了的。"格罗斯曼说。

"可是，当运动的速度达到一定值时，比如光线，每秒钟速度约为30万千米，那么……"爱因斯坦站了起来，问道，"是什么让光子能够达到这个速度的呢？"

"已经有学者提出了假说，"格罗斯曼知道不能小看这个朋友，他十分清楚爱因斯坦的超常智商，"宇宙中还存在一种不为人类所知的物质，它能导致光速。"

"哦，我知道，人们称它以太。"爱因斯坦说，"物体存在有三状态：固态、液态和气态，那么你说，以太应该属于哪种状态呢？"

"我怎么会知道呢？科学家还没有研究出来呢！"格罗斯曼耸了耸肩。

"1887年，美国芝加哥大学的麦迪逊博士和莫莱教授那个伟大的光学实验，证明光速是永远不变的，"爱因斯坦接着说，"这就证明以太是不存在的，奢谈以太简直就是一种荒谬的理论了。"

"是的，所以有些学者提出拯救以太的口号。"

"我还想知道，如果物质能达到一定值的速度时，是否可以解释光速现象呢？"

"爱因斯坦，你似乎是在挑战牛顿，挑战经典物理学啊！"格罗斯曼惊讶地说道。

"我吗？不可能吧。不过，科学应该是允许怀疑和欢迎怀疑的。"

这是在大学时期的爱因斯坦与好友的一段看似平常的对话。事实上，这个时期的爱因斯坦已经有了朦胧的相对论理念了。

爱因斯坦的小儿子爱德华问他："爸爸，你究竟为什么成了著名的人物呢？"爱因斯坦听后，先是哈哈大笑，然后意味深长地说："你瞧，甲壳虫在一个球面上爬行，可它意识不到它所走的路是弯的，而我却能意识到了。"

第五章　专利局的普通职员

想象力比知识更重要，因为知识是有限的，而想象力概括着世界上的一切，推动着进步，并且是知识进化的源泉。严肃地说，想象力是科学研究中的实在因素。

——爱因斯坦

（一）

在大学期间，爱因斯坦结识了几个好朋友，比如格罗斯曼，还有一个名叫菲立迪希·亚德勒的奥地利维也纳阔少。菲立迪希的父亲是奥地利有名的政治家。可能是从小就受到父亲的影响，菲立迪希那双多瑙河一般蓝色的眼睛更关注政治。

因此，他经常将爱因斯坦拉入关于政治问题的争论当中，争论的焦点通常都是暴力与和平。

"暴力，是卑劣者的通行证，"菲立迪希每次一开口都是高调子，"为什么要发生战争呢？应该实施全球国际化，成立国际裁判委员会，对国家之间的冲突进行仲裁，这样不就不会发生战争了吗？"

"那么，要凭什么来执行裁决呢，菲立迪希先生？"爱因斯坦反驳说，"人类都渴望和平，可是看一看，整个的人类史其实就是一部战争史，你有没有想过这是为什么？"

"执行裁决？可以成立世界性的警署，而且只有他们可以拥有武器，禁止其他国家生产妨碍和平的枪支弹药，这样不就有了执行裁决的权威性吗？"菲立迪希为自己的设想感到得意。

"你反对暴力，拥护和平，可最后还是需要采用暴力来解决呀！"爱因斯坦说，"尽管我也反对战争，但如果有人要侵略，人民怎么办？难道就坐以待毙吗？"

……

争论到最后，通常是没有赢家的，但爱因斯坦此时对和平的理解已经有了比较深入的思考和独特的见解。

爱因斯坦的深刻思想和精深的自然科学知识给格罗斯曼留下了十分深刻的印象。当时，格罗斯曼就对周围的人说：

"总有一天，爱因斯坦会成为一个真正的大人物！"

格罗斯曼一生给予爱因斯坦很多无私的帮助，而且十分重大。可惜的是，他在1936年不幸早逝，这让爱因斯坦十分悲痛。爱因斯坦在给他的遗孀写信说道：

"最重要的是，我们是永远的朋友！"

在爱因斯坦的这些好朋友当中，还有一位名叫米列娃·玛瑞琪的塞尔维亚姑娘。她1875年出生于伏伊伏丁那的狄特尔。她的父亲米格斯·玛瑞琪是一位政府官员，母亲是一个地主的女儿。米列娃一生下来就患上了臀关节脱臼，当时还不能通过手术矫正，因此她一生都是跛子。

但从她留下来的年轻时期的照片看，她还是一个非常漂亮的姑娘。

米列娃的学业是从1882年开始的，上课用的是塞尔维亚—克罗地亚语，同时她还学会了法语和德语。她不仅是个非常严肃、沉默寡言的勤奋大学生，还是个有志气、有抱负的年轻人，早就下决心要读完大学。虽然她的家庭和学校的制度并不支持她这样做，因为瑞士是唯一可以接收女学生的、讲德语的国家，因此，她便只身来到苏黎世。

开始时，米列娃在瑞士联邦工业大学学医学，后来改变了方向，转到该校的数学和科研进修学校第六系，与爱因斯坦成为同班同学。

在学校里，爱因斯坦经常到图书馆中去研读有关书籍。起初，他都是一个人在那里研读，后来连续几个晚上他都和米列娃一起研读和讨论一些科学问题。跟当时绝大多数女学生一样，米列娃的思维十分活跃，而且除了对功课感兴趣之外，对别的都没什么兴趣。

米列娃虽然平时话不多，但她却经常十分专注地听爱因斯坦诉说他在准备功课时经常涌现在脑海中的一些新想法，或是听他朗诵一些伟大物理学家的作品。

有时候，她也会谈谈自己的抱负，像何必将自己的一生葬送在老式女人所谓的"厨房、教堂及孩子"三项"妇德"之中等，她拥有着不亚于男性的抱负和野心，相信自己有一天会为科学界做出贡献。

爱因斯坦完全同意她的说法，也非常敬佩她的勇气和智慧，并且发现她是一位令人满意的同伴，因而对米列娃的好感也与日俱增。

（二）

大学的生活充满了自由和快乐，然而有一天，爱因斯坦接到了来自意大利米兰的家信。他感到很奇怪，因为信封上是母亲波琳秀丽的斜体字，而以往都是父亲海尔曼先生写的，字迹粗大豪放。

波琳在信中写道：

> 亲爱的阿尔伯特，对不起，这是我们给你寄出的最后一笔钱了……工人们都已经辞退，机器已经抵债，也就是说，我们再次破产了。为了这件事，你的父亲耗去了极大的精力，住进了医院。这不是我们的错，有成千上万家的企业都倒闭了，好像整个经济都出了问题。
>
> 不过，你不用为我们担心，没有趟不过去的河，家业一定会重振的。只是从下个月起，由你在日内瓦的姨夫每月给你寄去100法郎，估计这样可以让你不至于饿肚子了，就省着点儿用吧。
>
> 好好完成你的学业！
>
> 亲你，孩子！

爱因斯坦看完信，沉默了好久，一种家庭责任感的压力漫及全身。他决定，以后自己每月要存下20法郎，一旦以后有什么急用，就不需要有人再支援他了。

于是，爱因斯坦从学校的宿舍搬到了附近的一间廉租房里——那里连暖气都没有，只有一个小小的窗子。此后，他经常穿着破旧的衣服，一天也只吃一片面包和一块奶酪，并以更紧迫的心情汲取知识。

他的几个好朋友，如菲立迪希和格罗斯曼等，都很想资助他，但又不敢有所表示，因为他们很清楚爱因斯坦的倔脾气。于是，他们就借着各种名目搞聚会，变着法子资助爱因斯坦。

后来，菲立迪希还偷偷租了个地方，找了几个需要家教辅导的学生，然后让爱因斯坦去给他们补习功课，借此赚些生活费。但爱因斯坦觉得，现在读书的学生在经济上都很困难，所以补习费用收得很低。他不知道，他的好朋友菲立迪希为此支出的房租已经远远超过他的授课收费了。

同时关心着爱因斯坦的还有米列娃。此时，米列娃与爱因斯坦的关系已经比普通的同学和朋友关系要更进一步了。米列娃的与众不同与对问题的看法，日渐引起爱因斯坦的好感；而爱因斯坦的卓越才华也赢得了米列娃的倾慕。虽然这时爱因斯坦很贫穷，但米列娃却丝毫不在意这些，并时常给予爱因斯坦一定的帮助。

就这样，他们之间的友谊转成爱情也是十分顺理成章。他们的志趣都在做学问上，他们相约毕业以后就自立、结婚。爱因斯坦和米列娃的爱情，就这么定下了。

与此同时，爱因斯坦也深深爱上了瑞士这个国家，爱上了苏黎世这片土地。在大学三年级的时候，他向瑞士政府提出了国籍申请。

当时，加入瑞士国籍需要交付1000法郎的入籍费，而每个月只有100法郎生活费的爱因斯坦只好勒紧裤带，每个月省下一些钱，然后再通过担任家教赚一些。这样一直到他通过联邦工业大学的毕业考试后，才正式获得瑞士国籍。

然而由于生活窘迫，又常常挨饿，使他本来健康的身体出现了毛病。后来，每当爱因斯坦表现出精疲力竭时，他的夫人就认为"这是他极其贫困时所受煎熬的结果"。

不过，爱因斯坦家这种经济的上的困难并没有持续很长时间，在爱因斯坦大学尚未结束时，他的父亲海尔曼就又在意大利米兰开办了一家电力公司。开始时运行得也很好，家里的处境毕竟不再那么艰难了，这一改变也令爱因斯坦在精神上获得了一些解脱。

（三）

1900年秋天，在瑞士联邦工业大学研读了4年之后，爱因斯坦拿到了赫尔泽克校长亲手授予的大学毕业证书。

一直以来，爱因斯坦都从未为自己的工作问题考虑过，因为他成绩优异，一些有名望的教授曾经对他说过：

"你毕业以后应该能留在本校当助教，我们都表示十分欢迎。"

结果，学校最终并没有选择他，而是选择了格罗斯曼担任助教，爱因斯坦这才不得不匆匆地走向社会。

既然是师范系毕业的，爱因斯坦也很想当个老师，所以他选择了苏黎世的一所比较有名的中学，送上了自己的资历证明。

学校办公室的文员扫了一眼瑞士联邦工业大学的档案袋，只是淡淡地问了一句：

"是瑞士本国人吗？"

"是的，先生，"爱因斯坦愉快地回答，"申请瑞士公民权已获批准，国籍就要得到承认了。"

"好吧，"文员说，"请您后天过来。先生，祝您好运！"

可是，当爱因斯坦两天后再到这所中学时，这位文员却带着一脸的遗憾将档案袋退给了他，说：

"很抱歉先生，本校的教员名额已满，请您另谋高就吧。"

这个结果让爱因斯坦很失望。爱因斯坦接着又去了几所学校，结果遭遇都差不多。开始都表示欢迎，最终还是遭到拒绝。

后来，格罗斯曼提醒他说：

"可能由于你是外来移民，在选择上，他们总会偏向本土的公民。"

这句话让爱因斯坦如梦初醒。虽然他一直信仰一种全球性的宗教，并对他的父母的信仰失去了全部的兴趣，但他仍然被认为是一名犹太人。在当时，瑞士已经是最开放的国家了，但多数瑞士学校仍然不愿意聘请一位既是犹太人又是外国人的生手。

这样奔波了几个月后，1901年5月，爱因斯坦才获得了第一份工作——到温特图尔城的职业技术学校去当教师，但任期只有一学期。

在这里，爱因斯坦敏感地觉察到学生们对他的不悦，因而也感到尴尬和闷闷不乐，但他力求表现，决定要获得成功。于是，当他在温特图尔城的任职结束后，他赢得了学生们，甚至是最淘气学生的尊敬。

结束了第一份工作后，爱因斯坦很快又找到了一个短暂的栖身之地——夏弗豪森——莱茵河畔的一座小镇，这里以吸引过许多旅游者的瀑布而闻名。爱因斯坦在联邦工业大学的一个同学就住在这里。

经过这位同学的推荐，爱因斯坦进入了一所私立寄宿制中学，担任这里补习教师。爱因斯坦在读大学时就曾做过补习教师，所以这对他来说应该算是一个很得心应手的工作。

然而，爱因斯坦与他的老板雅克布·纽伊萨对教学的观点却很不一致。他所表现出来的判断的独立性和自主性让纽伊萨很不满。不久，爱因斯坦就被解雇了。

这时，爱因斯坦已经是瑞士公民了，可以申请担任公务员了。格罗斯曼通过父亲的关系，将爱因斯坦介绍给瑞士专利局局长德力西·哈勒。

爱因斯坦在这方面毫无经验，但经过漫长而严格的考试后，他最终在专利局获得了一份工作。这也是爱因斯坦一生当中获得的第一份稳定而高薪的工作。

1902年6月16日，爱因斯坦正式被聘用为瑞士伯尔尼专利局三级专家，实际上就是一名技术审查员，年薪是3500法郎。他终于有了固定的职业，不必再为生活担心了。

同月，爱因斯坦也完成了他震惊科学界的论文《关于热平衡和热力学第二定律的运动论》，第一次提出了热力学的统计理论。

专利局的工作比较严肃，每天，爱因斯坦都必须像局长严格要求的那样，对各种专利申请提出一针见血的意见，并写出精确的鉴定书。他带着怀疑的眼光审视着这些五花八门的发明，很快就从复杂的图纸中找到了本质的东西。因此，他将错误的、荒唐的、异想天开的东西都推到一边，将有价值和新颖有趣的新发明、新创造都一一写出鉴定书并归类。

工作比较清闲，通常一天的工作半天就可以做完了，这样在工作之余，爱因斯坦还能专心致志地研究自己心爱的物理学，他感到很满意。

正是从这所专利局开始，爱因斯坦敲开了命运的大门，踏上了辉煌的起点。他的《狭义相对论》就是在伯尔尼专利局工作期间研究出来的。

（四）

在伯尔尼，爱因斯坦结识了几位志同道合的朋友，他们经常一起登上伯尔尼西边的古尔腾山，在午夜的星空下畅谈，探讨关于物理学、关于自然、关于宇宙的种种问题。他们就是自由组合的"奥林匹亚学院"的成员：莫里斯·索洛文是罗马尼亚的留学生，康拉德·哈比希特是伯尔尼大学的学生，贝索和爱因斯坦都是专利局的员工，还有一位专利局同事的丈夫。他们都推举爱因斯坦担任"院长"。

这段时间是爱因斯坦事业上的一个辉煌时期，他发表了几篇论文，引起了普遍的反响。尤其是完成了对世界产生重大影响的《狭义相对论》后，他更是成了科学界中一位举足轻重的人物。

"奥林匹亚"的意思是众神聚集之地。他们用这个名称为自己的学术组织命名，多少有点调侃之意。不过，这个学院的成名也的确各有特色：索洛文研究哲学，但对物理学有着浓厚的兴趣，这一点与爱因斯坦相得益彰，因为爱因斯坦对哲学也很感兴趣；贝索知识渊博，是爱因斯坦学术上的知音。爱因斯坦曾对贝索下过这样一个结论：在探讨新思想时，贝索是全欧洲都找不到的最好的共鸣器。

由于"奥林匹亚学院"的大部分成员在大学毕业后都离开了伯尔尼，1905年，"奥林匹亚学院"结束了它辉煌、富于创造性和充满友爱的日子。虽然它仅仅存在了3年，但却给爱因斯坦和他的伙伴们留下了一生中最美好的回忆。

在有了固定的工作和稳定的收入后，爱因斯坦就在专利局附近租下了一套便宜的住房。现在，他可以考虑成家了。在来伯尔尼之前，他就有了与米列娃结婚的打算，而现在这个打算即将变为现实。

不过，他的父母却对他与米列娃结婚这件事很反对。为此，在1902年，爱因斯坦还与母亲产生了矛盾。他的母亲不仅当时，而且后来也一直都不喜欢米列娃。

1902年时，父亲患心脏病，爱因斯坦回到米兰的父亲身边。在临终前，父亲终于同意了儿子与米列娃的婚事。

这年的10月10日，海尔曼·爱因斯坦去世，葬于米兰。

1903年1月6日，爱因斯坦与米列娃举行了简单而热闹的婚礼。爱因斯坦明白，结束单身汉的日子对他来说是多么重要。因为他越来越感到以牛顿理论为基础的经典物理学已经解释不了许多现象了，他现在的思路已经日渐清晰，可是科学的论证是一个艰苦的过程。他迫切地需要生活上的照顾和学术上的研究助手。而米列娃的到来，更加激起了他青春的活力。

婚礼结束后，爱因斯坦便带着米列娃回到了伯尔尼。

婚后的米列娃完全放弃了自己的事业，将心思都放在丈夫爱因斯坦身上，尽一切努力帮助爱因斯坦。她包揽了一切家务，为了挣钱和补贴家用，她还办了一个大学生家庭旅店。

1904年，他们的儿子汉斯·阿尔伯特·爱因斯坦出生了。

儿子的出生，给爱因斯坦带来了快乐，也带来了沉重的负担。他本来已经拉着专利局和物理学研究这两辆沉重的车了，现在还要被套上家庭这辆车。

这位年轻的父亲，经常左手抱着婴儿，右手拿着笔不停地做计算。孩子的啼哭和哄孩子的声音交织在一起，奏出了不太和谐的交响曲。

爱因斯坦有一种奇妙的自我孤立的本领。现在，他的世界仿佛只有他一个人，那里的声音是分子、原子、光量子、空间、时间和以太！

这个年轻人有才能、有决心，他要解开物理学中最困难的"以太之谜"。这个谜已经困扰了多少物理学家！现在，这个年仅26岁的小公务员准备冲击这一科学高峰！

第六章 轰动世界的相对论

科学家必须在庞杂的经验事实中抓住某些可用精密公式来表示的普遍特征，由此探求自然界的普遍原理。

——爱因斯坦

（一）

爱因斯坦刚到专利局时，对能在那里工作感到很满意。工作不久，他就对一位朋友说：

"我非常喜欢专利局的工作。专利局的工作与其他工作非常不同，因为这里需要很多思考。"

这样的工作正是喜爱思考的人求之不得的。后来，爱因斯坦还对别人说：

"这项工作使我掌握了多方位思考的能力，并为物理思考提供了重要动力。"

爱因斯坦与局长和其他的同事都相处得十分融洽，当时这份工作对于他来说，更重要的是报酬丰厚，约相当于两个助教的工薪，这让爱因斯坦彻底摆脱了经济上的困境。何况在8小时工作之余，他还有大量的业余时间来对他所感兴趣的问题进行深入研究呢！

所以，在伯尔尼专利局工作的几年，也是爱因斯坦思想十分活跃的时期。当时，物理学历史发展正经历着一个令人困惑，同时也预示着一场伟大的革命即将到来的时期。当历史的需要呼唤一位伟人出现时，爱因斯坦以矫健的步伐走上了历史的舞台。

在短短的5个星期之内，爱因斯坦就完成了《论动体的电动力学》这篇论文。虽然这篇论文只有短短的3000余字，但一个划时代的理论——相对论却由此诞生了。为了这3000字的论文，爱因斯坦冥思苦想了近10年。

1905年6月，爱因斯坦将这篇论文寄给了当时世界物理学最权威的杂志——莱比锡《物理学年鉴》。

早在这一年的3月和5月，爱因斯坦还曾将他当时新完成的另外两篇论文《关于光的产生和转化的一个启发性观点》和《热的分子运动论所要求的静液体中悬浮粒子的运动》先后寄给了《物理学年鉴》。所以，现在这篇相对论论文已经是他当年寄出的第三篇论文了。

同时，他还将自己在4月份完成的一篇关于分子运动理论的论文《分子大小的新测定法》寄给了苏黎世联邦工业大学，作为申请博士学位的论文。爱因斯坦认为，这篇论文的分量要比那三篇轻得多，因此没有将其寄给《物理学年鉴》。

随后，爱因斯坦又为《论动体的电动力学》这篇重要论文写了一篇补充性的论文《物体的惯性同它所包含的能量有关吗》。这两篇论文同时成为爱因斯坦开创相对论的重要论文。

这篇补充性的论文完成后，爱因斯坦很快又将其寄到了《物理学年鉴》。

这时爱因斯坦发现，他先前寄去的三篇论文竟然同时在1905年9月该杂志的第十七卷上发表出来。后来寄去的一篇，则在随后的第十八卷上发表了。

而那篇寄给联邦工业大学的论文，更是为爱因斯坦轻松地摘下了博士的桂冠。后来，爱因斯坦将这篇论文也寄给了《物理学年鉴》，并于同年在第十九卷上发表出来。

在当时，《物理学年鉴》这样著名的权威科学刊物，谁如果能在上面发表一篇论文，那可是一件相当了不起的事。而爱因斯坦居然一下子就发表了五篇，其中的三篇还在同一期发表，这在《物理学年鉴》史上可是从未有过的。

不仅如此，这三篇论文还同时在20世纪物理学新发展起来的三个重要未知领域——相对论、量子论和分子运动理论中都取得了重大的突破。其中的一篇，为陷入困境的分子运动新理论开辟了新的研究方向；另一篇为爱因斯坦赢得了诺贝尔奖；最后一篇不仅开创了物理学的一个新理论，还开创了物理学的一个新世纪。而其中的两篇论文，更是成为20世纪辉煌物理学新大厦的两根主要支柱——相对论和量子论的奠基性作品。

由于这五篇论文在同一年发表，1905年也被誉为是物理学创造奇迹的一年，《物理学年鉴》被评为是创造奇迹的期刊，而爱因斯坦则被称为创造了奇迹的人。

（二）

爱因斯坦的论文发表后，立刻引起了全世界物理学家的注意。许多科学家对"相对论"写出研究报告，有的提出很聪明的见解，有的则显得极其愚蠢。不久后，在纽约的公立图书馆中，就有500多册关于相对论的书籍和小册子，既有攻击爱因斯坦理论的，也有为他辩护的。

其实早在1887年，当爱因斯坦还是慕尼黑大学的一位学生时，两位美国教授，麦克森和莫雷，就在研究一个奇妙的问题。所有的科学家都知道地球环绕太阳转动的速度，但这两位科学家却试图找出地球在太空中轨道前进的速度。

一个移动的物体在遇到阻碍时，速度就会放慢。如果你要求一位游泳选手逆流而上，而让他的对手顺流而下，那么他必定会拒绝参加比赛。现在，麦克森和莫雷在利用顺逆两个方向测量光速时，出现了困惑。

莫雷教授是一名化学家，麦克森是一位实验物理学家，他们不断地发明奇妙而精巧的仪器，目的就是为了协助他们探测大自然的真相。

为了测量出正确的光速，莫雷和麦克森设计出了一种精密的仪器，分别仿照了顺流和逆流游泳者的情况，将两根管子安置在每一种情况的适当角度中。如果其中的一种顺着地球自转的方向移动，则另外一个必定会沿着反方向移动。每根管子的末端各放置一面镜子，然后在绝对相同的时间内将一道光束射入管子中。

两位教授的预测是，其中必然会有一道光束比另外一道光束提前反射回来。逆流而上的游泳者将损失较多的时间；逆着空气流动方向而进行的光束也必然会花费更多的时间。

然而，虽然两位教授将两根管子移动到各个方向，但这两道光束的速度却一直没有任何差别。这让莫雷和麦克森很困惑。

"难道我们的实验有什么错误的地方吗？为什么两道光束到达镜子的时间总是一致？难道空气中没有我们在河流中逆流而上时所遇到的那种'逆流'吗？难道地球在其中移动的'以太流'并没有对光线产生阻碍吗？"

最后，莫雷和麦克森终于感到沮丧了。既然已经证实地球是移动的，为什么他们的实验却指出地球是静止的呢？这种发现是相对的

"新",但又那么令人困惑。

与此同时,当时的一些杰出物理学家也研究过这个问题,并且同样感到困惑。而爱因斯坦在他的论文中回答了这个问题。

爱因斯坦称,这两位美国教授并没有失败,他们在18年前就已经正确地测出了光速。因为,爱因斯坦现在已经证明,光的速度是相同的;而且,光速是唯一的定值,不管在何种情况下,都是一样的。

但为什么光速在空中移动时不会遭遇任何阻碍呢?

爱因斯坦解释说,这是因为任何实验都不可能测出宇宙中的绝对移动。牛顿曾经说过,在遭遇外力之前,每一种物体都维持着其原来的状态,不是静止,就是出于它自己独特的移动之中。而爱因斯坦现在宣称,在地球或整个宇宙中的任何地点,没有任何一样东西是静止的。他指出,每样东西都是在移动中的——从原子到星星,每样东西都是移动的。

而且他还指出,在这样的宇宙当中,一切都处于移动状态,没有任何东西是静止的。因此,每样东西与它接受观察时的环境都是相对的。

这就是相对论学说。

这一学说对当时的世界来说,绝对是一个新奇的学说。大象与蚂蚁比起来,无疑是庞大的,可如果将大象放在摩天大楼旁边,它就显得渺小了。这是体积上的"相对"。当一个人按下电梯的"上"或"下"按钮时,他会感受到位置的"相对"变化。

在这之前,科学家们都认为,物理世界中的某些事实是"绝对的",在任何环境下都不会发生改变。因此,爱因斯坦的相对论一提出来,立即引起了全世界的震惊,因为他为绝对物理科学的事实带来了相对的事实,对我们所居住的世界提出了一种新的看法。

爱因斯坦因此也赢得了令人震惊的名声,而且他的一项又一项理论在其他科学家的实验室也获得了证实，这也更增加了他的名气。

（三）

在爱因斯坦提出他的相对论学说之前，牛顿和其他科学家曾提出，时间是绝对的；整个世界都是变化的，但时间却是持续不变的。他们同时还认为，空间是向四面八方延伸的、无止境的。

但爱因斯坦却打破了牛顿的这一传统理论，认为每个物体都有三个空间，而且由于每件事物实际是在移动及变化的，因此这个世界事实上是存在于三度空间中——另外加上一个第四空间。他认为，时间就是这个所谓的第四空间。

从旧金山到纽约，以前一辆篷车需要花上一年的时间，走过河流、草原和山川，才能来到太平洋沿岸的荒凉垦殖区；而现在，一架飞机不到12个小时就可以完成这段旅程了。

所以在爱因斯坦的宇宙中，不论是时间还是空间，都不会以同一个固定的方式永远持续下去，它们两者将随着观察者的位置和速度进行相对性的改变。

那么，爱因斯坦又是怎样说明时间的运行的呢？

我们都是根据地球本身自转的演进来算日子的，以地球环绕太阳的行程来计算年数。由于木星环绕太阳一周的时间比地球长，所以，木星上的一年也比地球上的一年长出许多。

如果我们能够以光速去旅行，那么就不会再有时间的存在，每件事情都可以立即发生。在我们接近不可思议的光速时，不仅我们的手表会慢下来，就是我们的脉搏也会变得缓慢。即使是在原子内部运转的电子，也会越来越缓慢。

如果我们的速度能超过光速，那么我们其实将在时间上后退。这种情况就像那首著名的五星滑稽诗中那令人惊讶的女英雄一样：

> 有一位年轻的女郎名叫光明
> 她的速度更快于光
> 有一天她出发
> 在相对论的方法下
> 回到家时却是在前天晚上

在有关相对论的第一篇论文中，爱因斯坦又叙述了另一个相当重要的理论：一个物体的质量，需要看这个物体移动的速度而决定。当物体移动得越来越快时，其质量也会越来越大。没人测量过质量在这方面增加的情况，因为这种变化是极其微小的，根本无法以任何普通的速度来进行计算。

因此，1905年时，科学家们不知道爱因斯坦的相对理论是对是错，但在以后的几年当中，他们学会了怎样测量微小的电子质量，同时也学会了怎样加强电子的运转速度，让它们的速度能够达到每秒14.97万千米，也就是光速的一半。

到这个时候，实验室中的科学家们才发现，爱因斯坦的预测是很正确的。

在以前，人们还认为，物质和能量是完全不同的两种东西，物质是固体的，能量是测定一个物体移动的速度有多快，或者它具有什么功用。但爱因斯坦却指出，物质和能量之间似乎有着十分密切的关系。以一般光速运转的电子具有相当惊人的能量，就因为它移动的速度快，从而使得它的质量大为增加，于是能量也就变成了质量。

相反，物质也能够转化成为能量，爱因斯坦其实已经能够算出隐藏在任何一块物质中的能量了。他提出了一个最简单，也最惊人的公式：

$$E=mc^2$$

在这个公式中，E表示能量，m表示质量，c表示光速。它告诉我们，能量和质量是同一事物的两个方面，在适当的条件下，物质的质量会全部转化为能量，这个过程将释放出巨大的热量。

$E=mc^2$解释了"质量亏损"现象，而且还将自然界中的能量守恒定律和质量守恒定律统一起来。它精辟地指出：对于一个闭合物理系统来说，质量和能量的综合在所在过程中是不变的。

这项惊人的公式，科学家们后来将它应用到了令人震惊的两项发展上。

第一，这个公式解释了太阳的秘密。太阳为什么能连续发出光和热达几十亿年，而不会像一块煤炭一般，被烧成一团灰？用爱因斯坦的学说来解释，就是将这个公式应用到太阳内部的原子上。这些原子存在于几百万度的高温中。在这种情况下，部分原子仍然不断地将它们的质量转变为能量。

第二，这个公式预示着一种新能源——核能的产生，它同样也成为建设核电站的理论基础。27年后，英国物理学家考克肖夫和华尔顿研制出了世界上第一台粒子加速器，将那个原子核分裂开来。

现在，人们对爱因斯坦的狭义相对论给予了极高的评价，称它动摇了经典物理学大厦的基础。然而在当时，相对论迎来的却只有冷遇，因为它的理论太过抽象和新奇，也太不符合生活常识，因此，真正能够理解、赞誉相对论的人寥寥无几，被称为"只有12个人才懂的理论"。

但爱因斯坦并没有心灰意冷。他充满自信地说：

"在科学的磨场上，要碾碎自己的谷子总是最慢的。"

第七章　站在教授的讲台上

没有想象力的灵魂，就像没有望远镜的天文台。

——爱因斯坦

（一）

爱因斯坦在学术上的辉煌成就逐步被人认可、接受，这也为他迎来了在学术研究方面继续前行的机会。

当著名物理学家普朗克看到爱因斯坦发表的《论动体的电动力学》文章时，正生病在家。看完文章后，他再也躺不住了。他意识到，物理学的革命时代来到了。他立即给爱因斯坦写信，问他是干什么的，在学术界担任什么职位，并说：

"你的这篇论文发表之后，将会发生这样的战斗，只有为哥白尼的世界观进行过的战斗才能与它相比……"

不过，爱因斯坦并没有及时收到这封信，因为当时他正和米列娃带着小汉斯去塞尔维亚探亲。在写完几篇论文后，他实在太累了，需要好好休息一下。

当爱因斯坦回到伯尔尼，看到普朗克这位量子论的创始人、德国物理学界的权威给他写来的充满信任、热情的信之后，十分高兴，也大受鼓舞。他立即给普朗克回信，感谢他对自己的关心，告诉他自己在专利局工作，是一名"三级研究人员"，不过很快就要升到"二级"了。

关于任教的事，爱因斯坦说，他正在为选一个什么题目写论文，以便取得副教授的称号。相对论，对瑞士人来说太抽象，关于布朗运动与光量子在苏黎世与伯尔尼又很难引起人们的兴趣。

这封信让普朗克又感动又气愤，这样一位天才的物理学家，竟然连在大学教书的机会都没有，却在一个专利局中做些琐事！

他立刻给伯尔尼的格鲁涅尔教授写了一封信，信中说：

"我所推荐的那位青年，也是我们这个时代最伟大的物理学家之一，那位阿尔伯特·爱因斯坦先生……"

格鲁涅尔收到普朗克的信后，便请爱因斯坦向伯尔尼大学提交一篇论文。

这时，苏黎世联邦工业大学的克莱纳教授也写信给爱因斯坦，建议他向伯尔尼大学申请"编外讲师"的职位，因为他想请爱因斯坦回苏黎世联邦工业大学担任教授。按照当时的规定，需要先担任一段时间没有薪水的"编外讲师"，才能被任命为教授。

所谓的编外讲师，其实并不是教师职位，大学或其他任何官方机构也都不给在这个职位上的人发薪金。但是，编外讲师却必须在工作上做得很出色。于是，爱因斯坦给伯尔尼大学寄了一封信，内附自己的博士论文以及已发表过的相对论等多篇论文副本。

格鲁涅尔读到爱因斯坦的论文后，觉得这个理论有点问题，又请实验物理学家审阅。这位教授一点都读不懂，认为爱因斯坦申请在伯尔尼大学授课是没有根据的。所以，伯尔尼大学最后拒绝了爱因斯坦。

其实爱因斯坦遭到拒绝还有一个原因，那就是伯尔尼大学怎么能让一个联邦专利局的小职员去担任教授呢！

大学又一次让爱因斯坦吃了闭门羹，这让一向乐观的爱因斯坦也叹息了。他倒不是希望得到什么教授的头衔，而是需要时间，需要工作条件。

无奈之下，爱因斯坦只好转而为谋求中学教师的职位而奋斗了。他给温特图尔技术学校写信，给州立苏黎世中学写信，并且还寻求好友们的帮助，问他们自己是不是应该亲自上门去拜访校长先生，向校长当面讲述自己的教书才能和优秀品质等。

在这段时间里，爱因斯坦照样每天早晨9点钟到专利局上班，在那里工作8小时后回家看孩子。1906年4月1日，爱因斯坦的职位晋升了一级，工资也涨到每年4500法郎。

（二）

随着时间的推移，爱因斯坦的影响也逐渐扩大，《物理学年鉴》等科学刊物上不断出现爱因斯坦的科学论文。著名的普朗克教授和他众多的学生在全德国各大物理系中传播相对论，郎之万在巴黎，乌莫夫在莫斯科，围绕在德国人拉登堡和波兰人洛里周围的一个进步理论物理学派在波兰的布列斯牢也在积极研究、宣传爱因斯坦的科学成果……

这些宣传和研究就像聚光镜一样，将科学界的目光一下子都集中在爱因斯坦身上，使越来越多的人都想来见见这位科学巨匠。

一位名叫维恩的教授，他的学生劳博尔在自己的学术论文中引用了爱因斯坦的理论，维恩教授不同意他的观点，叫他去请教这个理论的创立者。

劳博尔来到伯尔尼，碰巧爱因斯坦独自在家，他正跪在地上生炉子。

劳博尔稍稍迟疑了一下，说明了来意。爱因斯坦很热情，马上伸出手与劳博尔握手，两只乌黑的手和一双干净的手握在一起。

劳博尔称，在辐射的量子论中，有个地方自己没弄明白，所以维恩教授就让他来向爱因斯坦请教。

爱因斯坦打断了劳博尔的话，说他必须先让这个炉子引起辐射，因为他的妻子和儿子马上就要回来了……

普朗克的学生、助手劳厄听过普朗克第一次介绍并高度评价相对论的报告，当时也没有听懂，他决定第二年暑假去拜访这位相对论的创立者。

后来，劳厄真的来到伯尔尼，一下火车就直奔专利局。在走廊里，他看到一个年轻人正在来回踱步。这位年轻人穿着一件格子衬衫，领子有点挑起，头发乱糟糟的像一团草。他一会儿将将上唇的小黑胡，一会儿又把手伸到头发里使劲地搔。

劳厄看了他一会儿，年轻人也没有发觉，只管自己在那里踱来踱去的。劳厄上前问他，爱因斯坦博士在几号房间办公。年轻人听完，一双大眼睛就像刚从梦游的状态中醒过来一样，然后说他本人就是。

过了一会儿，两个人坐到一家小餐馆里，劳厄怀着惊异的心情端详着眼前这个怪人。

"他看上去完全像个孩子，笑起来那么灿烂……"后来劳厄这样写道。

从这次开始，两个人就开始了他们终生不渝的友谊。劳厄不久便因发现了晶体的X射线衍射而闻名于世。

在这次交往中，劳厄还得知关于相对论的这样一段小插曲：

爱因斯坦关于相对论的第一次演说并不是在学术机关或者学术讲坛上做的,而是在伯尔尼食堂服务员工会的食堂里发表的。听讲的人,是"奥林匹亚"的成员以及专利局的几个同事。

在演讲时,爱因斯坦在一块石板上画图,用粉笔画了一根直线,请他的听众想象这根直线的每一点上都放一块表……

他滔滔不绝地讲了起来,完全沉醉在自己的科学发现中。当突然想到自己规定的时间后,才立即问听众现在是几点了?当得知已经远远超过规定的时间后,他才戏谑地说:

"虽然我在自己的相对论里给空间的许多点上都放了一块表,然而我还是没有力量在自己的口袋里装上一只表!"

布列斯劳理论物理学派的领袖拉登堡也因科学研究中的问题专程到伯尔尼拜访了爱因斯坦。

那是在1908年暑假,拉登堡在伯尔尼专利局找到了爱因斯坦,与他连续几个小时讨论学术问题。爱因斯坦在科学上的巨大创造给他留下了深刻的印象。他立刻给了爱因斯坦一张第二年夏天在萨尔斯堡召开的第81届德国自然科学家大会的请柬——拉登堡是大会的筹备委员。

拉登堡还特别表示,他对爱因斯坦不能在瑞士教授团体之中感到惊奇。他认为,这是无法理解的,于是,他礼貌地将这件事通知给伯尔尼联邦政府。

可能是拉登堡的这一行为起到了作用,也可能是爱因斯坦在科学界的名气越来越大。1908年10月23日,爱因斯坦收到了伯尔尼大学的一封公函,里面是伯尔尼大学副校长亲笔签署的聘书,通知他被伯尔尼大学接受为"编外讲师"了,并给予他授课的权利。爱因斯坦终于成为学术界中的一员。

不过，由于没有薪水，爱因斯坦只能从听课者那里收取少量的报酬，而且他还必须继续留在专利局工作，以维持生活。

编外讲师开的都是副课，学生一般都不重视，学校也允许自己定课题。于是，爱因斯坦就将正在研究的黑体辐射课题搬上了课堂。因为这是一个新的物理学领域，他用最通俗的语言写了教学说明，以防教务处部门不熟悉，将其否决了。

所幸的是，爱因斯坦的课题申请得到了批准，于是他就在伯尔尼大学开课了。

（三）

就在爱因斯坦刚刚担任编外讲师时，他的妹妹玛雅正好来伯尔尼写学位论文。她想看看哥哥的上课情况，就到伯尔尼大学打听，爱因斯坦博士上课的课堂怎么走？

那个人说：

"如果您问的是那个连爱因斯坦先生在内一共只有5个人的教室，请到三楼去找。"

玛雅找到爱因斯坦的课堂，从门缝里向里看到，其实爱因斯坦的课只有3个人在听，其中一个还是他的老朋友贝索。他们都倚在课桌上，嘴上叼着大烟斗、雪茄，你一言我一语，争论得热火朝天。

有一次，联邦工业大学的克莱纳教授来看爱因斯坦怎样上课，正好发现爱因斯坦出神地站在黑板旁，沉默了一会儿后，擦掉黑板上的字，对3个听众说：

"很抱歉，下面的数学变换式不讲了。"

　　原来，他一时忘记了可以巧妙演算的方法。他让大家回去自己推导一下，只要保证最后的结论没有错就行。

　　课后，克莱纳教授告诉爱因斯坦说，第一，他应该注意高等学府的礼仪；第二，他应该注意讲课的条理性和系统性；第三，……

　　爱因斯坦仿佛又回到了慕尼黑中学时代，做错了事，听着老师的训斥。他感到很窘困，叹着气说：

　　"反正我又不想追逐教授的讲坛！"

　　1909年7月，爱因斯坦第一次获得了学术荣誉——日内瓦大学名誉博士，同时应邀参加了日内瓦大学350周年的校庆活动。

　　庆祝盛典的莅临者后来回忆说，爱因斯坦的礼帽和普通的西服在法兰西科学院院士的绣花燕尾服、英国绅士的中世纪长袍以及来自全球200多名代表的各式各样的名贵装束中，实在是显得太普通了。

　　9月，爱因斯坦又到萨尔斯堡参加了"德国自然科学家和医生协会"的第81届年会。这也是他第一次在年长的科学同道们面前亮相。

　　参加这个会议的有普朗克、卢本斯、维恩和其他一些德国物理学界的名人。当大会主席宣布"请我们年轻的同行阿尔伯特·爱因斯坦上台发言"时，大厅里掠过了一阵窃窃私语。爱因斯坦学术报告的题目是《关于辐射的本质和结构的看法演变史》。

　　会议结束后，爱因斯坦在人群中找到了普朗克。他将双手向普朗克伸去，创立量子论和创立相对论的两双巨人之手紧紧地握在一起。

　　克莱纳教授也是这次大会的参与者。在回国的列车上，克莱纳教授对爱因斯坦说，他并没有对爱因斯坦的教学能力失去信心，他会在苏黎世设法为他谋得一个教授职位。

　　克莱纳诚恳地对爱因斯坦说：

　　"这件事让人为难的一面，就是您不愿意在母校的父老面前摇尾乞怜，那么就只能由我去代您做这件事了。"

　　10月，爱因斯坦从萨尔斯堡回到伯尔尼后不久，就接到了苏黎世联邦工业大学给他寄来的聘书，推举他担任大学的副教授。

　　10月22日，爱因斯坦带领全家迁往苏黎世木桑街12号。对于爱因斯坦来说，苏黎世充满了亲切感，因为这里不仅是他读大学的地方，而且他的科学思想也是从这里成长起来的，这里还有他的挚友格罗斯曼以及那位上了年纪的数学教授胡尔维茨。

　　爱因斯坦不知道，自己现在的这一切来得并不容易，克莱纳教授多次极力向学校建议：

　　"……现在，爱因斯坦先生置身于最重要的理论物理学家行列，已经得到认可，由于他的相对论原理……不同凡响的鲜明概念和对思想的追求……明晰精细的作风……"

　　克莱纳教授明智的判断加上全力的推荐，终于消除了学校教委会的疑惑——爱因斯坦是个犹太人！

　　现在，爱因斯坦终于可以作为一名正式的学者，站在大学的讲台上授课了。

第八章 执教布拉格大学

不要努力成为一个成功者，要努力成为一个有价值的人。

——爱因斯坦

（一）

在苏黎世联邦工业大学，爱因斯坦的生活安排与在伯尔尼没什么两样。上课是十分放松。

每次上课，爱因斯坦都是看着怀表的钟点走进教室，一面脱下帽子和外套挂上衣架，一面和蔼地和学生们随意说话：

"同学们，上次讲的量子的测定问题，你们有什么想说的吗？"

他不要求老师一进教室那一套礼节性的程式，所以在学生们七嘴八舌的提问中，他很快就能抓住一个要点，然后讲解起来，课也就不知不觉地开始了。而且，他从来不带讲义和教材，是学校里唯一一个这样做的教师。

一位名叫汉斯·塔纳的学生在这期间听过爱因斯坦的讲课，他回忆说：

当爱因斯坦身着半旧的上衣，下身穿着过分短的长裤登上讲坛时，当我们发现他的胸前挂着一条铁制的表链时，我们对这位新教授不免心生怀疑。但他一开口讲话，就以独特的方式征服了我们变冷的心。

爱因斯坦讲课时，用的手稿是一个如名片大小的笔记本，上面写明他在课上即将阐述的各种问题。可见爱因斯坦的讲课内容都来自于他的脑海，我们也就成了思维活动的目击者。

像这样的方法，对大学生来说更有吸引力。虽然我们习惯于风格严谨、四平八稳的讲课，但这些讲课刚开始也吸引过我们，但在老师和同学之间却留下了一种隔阂感。而在这里，我们亲自看到科学家的成果是通过什么样的独创方法产生的。课后，我们都觉得，我们自己似乎也能讲课了。

科学成果的这种水到渠成的感觉，不仅是爱因斯坦授课方法中所独有的，而且也是他的研究方法和他的思想内容所特有的。在讲课方法与课程内容之间，有着一种深刻的和谐。

爱因斯坦在课上讲的主要是古典物理学，但现在，在修改了它的基础之后，古典物理学便被解释成为另一个样子，并因此用另外一种方法来阐述了。在学生面前，他展现出来的不是秩序井然的建筑物，而是建筑工地。爱因斯坦与其说是在向学生讲述建筑物的平面图，倒不如说是与他们一起讨论重建的方案。

本来名望就高，加上讲课方法独特、自然，平时又十分平易近人，因此爱因斯坦很快就成了学生们的偶像。

学校常常会开校务会，爱因斯坦不爱听那些没完没了的发言，就闭上眼睛驰骋在自己的想象当中。

有一次，当他正陷入一个关键论据的辨析之中时，仿佛听到有人提他的名字。

"诸位，我听到学生们对爱因斯坦副教授的反映，想提请爱因斯坦先生注意。"一位老教授说，"爱因斯坦先生上课时，从来不带讲义教材。校长先生，就算是博学强记的天才，也不可能毫无依据地左右一节课吧。"

接着，又有学监老师附和道：

"的确如此。我还听到学生们编的顺口溜，说，'聪明的人才是数学行家，阿尔伯特·爱因斯坦指出物理学的方向，虽然他很少散步，呼吸新鲜空气，可是上帝不许他剪掉长头发。'诸位，这并不是什么好现象，提请校长先生注意。"

不过，亚德勒教授却对此提出异议，他说：

"一位教授上课不用带教材，下课后学生们能将他编成顺口溜牵挂，尊敬的校长先生，这才是我们每个人要努力争取达到的至高境界！"

"我很了解爱因斯坦先生，"格罗斯曼也说，"行为要与效果统一起来才行。爱因斯坦先生的教学水准，请您到学生当中，到教务处去调查后，再下结论会比较好。"

……

对于这些争论，爱因斯坦根本没兴趣，他又闭上了眼睛，思考起物质的临界问题。对于他们如何争论他，他才不关心呢！

（二）

爱因斯坦在苏黎世的薪水并没有比在伯尔尼多，但副教授的头衔却要有副教授的排场和消费，家里需要经常举行晚间宴会，宴请其他的教授和他们的太太。这让他们的开销也随之增加了。

幸好米列娃很能张罗，她招了几个学生在家里寄宿，以此赚些钱来补贴家用。

这样一来，家里虽然拥挤了，但爱因斯坦却很高兴。

"这样简直太好了！我可以跟这些学生们一起吃晚餐，并且像老朋友一样和他们聊天，而不用像教授对学生那样说话。他们也会开开玩笑，向我提出一些问题，并能随时来向我请教。"

虽然家庭收入稍微增加了一点，但还是显得比较拮据。这样一来，每天被柴米油盐搅得心烦意乱的米列娃也免不了会与爱因斯坦发生摩擦。

1910年6月，爱因斯坦的第二个儿子出生了，取名为爱德华。小儿子的出生不仅没有改善爱因斯坦与米列娃的关系，反而使他们的关系日渐紧张。

米列娃和爱因斯坦都具有较强的个性，而且米列娃还觉得，嫁给爱因斯坦埋没了自己的科学才华。她现在只能做一个喜欢空想的妻子，做一个庸俗的家庭主妇，每天照顾丈夫和孩子，为一家的一日三餐操心，实在太委屈了。

而且，这位大学物理系出来的高材生，操持家务的能力也并不高强，家里经常搞得乱糟糟的。她需要丈夫的体贴、帮助，可爱因斯坦却像个长不大的孩子，需要别人的照顾和关心。

尽管爱因斯坦也做家务，照顾孩子，但他的心思全部都在物理学上。如果在物理学与家庭之间做出选择的话，他会毫不犹豫地选择物理学。

可以说，苏黎世造就了伟大的物理学家爱因斯坦，也给他的家庭悲剧拉开了序幕。

1911年初，爱因斯坦收到了中欧第一所大学，也是欧洲最古老的大学——布拉格大学寄来的请他去布拉格大学担任教授的聘书，那里的物理学编内教授职务空缺。

爱因斯坦经过一番思考后，接受了布拉格大学的聘请。

与苏黎世相比，布拉格的待遇高，工作条件也好。而且，马赫曾是那里的第一任校长，开普勒也曾在布拉格附近工作过，这些都给爱因斯坦想象中的布拉格增添了一层诱人的浪漫主义色彩。

布拉格是一座古老而美丽的城市，布拉格大学是1348年卡尔大帝四世创立后发展起来的一所历史悠久的大学。但在那时，总共才只有几千人的德国人却统治着几十万捷克本地的居民——捷克和拉斯夫人。德国人自诩为这里的主人，当地人是劣等民族，是他们奴隶。他们在那里横行霸道，为所欲为。

1882年，在当时的政治环境下，布拉格大学被迫成立德国分校和捷克分校。1867年，马赫在布拉格担任实验物理教授时，被推选为布拉格德国大学的首任校长，从此在这里执教30余年，使这所大学逐渐闻名起来。

按照规定，在宣布委任教授之前，需要有推荐人的推荐书才行，于是，大学就邀请了德国最著名的理论物理学家普朗克担任推荐人。

普朗克在推荐书中热情地赞誉爱因斯坦：

"如果要对爱因斯坦先生的理论做出中肯的评价的话，那么可以把他比作20世纪的哥白尼，这也是我所期望的评价。"

布拉格大学欢天喜地地请来了科学界的翘楚，可爱因斯坦来到布拉格后，并没有想象中那么愉悦，因为这里德国人的专横让他十分反感。

　　有一天，爱因斯坦走进一家捷克人常去的咖啡馆，发现那里的菜单上用的是两种文字，而大字体是德文，小字体才是捷克文。爱因斯坦就将服务员叫来，问为什么要这样。服务员解释说：

　　"如果我们的德国顾客发现他们的文字印得这么小，就会认为受到了轻视。"

　　服务员起初将爱因斯坦当成了德国人，当一切清楚之后，他才悄悄对爱因斯坦说：

　　"他们看不起我们，侮辱我们，可是，这块土地是我们的啊……"

　　爱因斯坦沉默了，他对遭受压迫的捷克民族的苦难产生了深切的同情。爱因斯坦从小就有一种和平的心态，希望世界大同，没有战争和饥饿。可是这里的民族矛盾这样激烈，让他感到忧心忡忡。

　　更让爱因斯坦感到不悦的是，当他在布拉格大学办理公职手续时，一位官员问道：

　　"教授先生，您信什么教？"

　　"不信教。"

　　"那可不行，教授先生，"官员皱了皱眉头，说，"任命教授都是要皇帝陛下批准的。陛下规定，教授必须信奉上帝，您就随便说一个吧。基督教，还是犹太教？"

　　"我是犹太人。"爱因斯坦淡淡地说。

　　幸好官员脑袋灵活，在爱因斯坦的履历表上填上了"信奉犹太教"五个字。

　　事情虽然蒙混过关了，但这种强制信仰的做法却使爱因斯坦终生都感到厌恶。

（三）

表明宗教信仰，还不是爱因斯坦获准进入布拉格德国大学执教的必备手续之一，另外一项要求，更是令这位科学家深感震惊，甚至视其为最愚蠢的做法，那就是要求他购买一套制服。

这种制服与奥地利海军军官的制服十分相似——三角形的羽毛帽，饰以穗带的外套和长裤以及一把长剑。

与所有的奥地利教授一样，爱因斯坦也被要求穿上这件华丽的制服，宣誓效忠，然后才获准进入大学执教。当然，他以后再也没有穿过这套制服。

另一件让爱因斯坦感到愚蠢的风俗，就是新来的教授必须去拜访与他在同一学校任教的每一位教授，一共是48位。

虽然这是一件十分讨厌的事，但爱因斯坦想，就当是顺便欣赏一下布拉格各个街区的景象吧，也挺不错的，毕竟布拉格还是个相当美丽的城市。

于是，爱因斯坦便开始了漫长的拜访活动。他总是挑选可以供他散步而且是他所急于去看看的区域。

在经过城里的犹太人区时，爱因斯坦停了一下，信步走过去，发现著名的犹太人公墓就在这里。爱因斯坦凭吊着古老的墓石，原来并不在意的犹太人情结，现在突然变得厚重起来。犹太民族，一个苦难的伟大的民族！

当这种观光式的拜访结束后，爱因斯坦立刻就将拜访名单撕掉了，其中有些教授他根本就没去拜访，这些教授们也自觉受到了侮辱。可他们不知道，爱因斯坦之所以没有去拜访他们，只不过是因为他们所在的地区没有引起他的兴趣而已。

在布拉格大学期间，除了教学，爱因斯坦还继续从事他的研究工作。所以，他在第一次给学生们上课时就说明：

"我必须把最新的物理学观点告诉你们，如果你们有什么问题，随时来找我，因为你们将是下一代的物理学家。"

但是，爱因斯坦的心情并不舒畅。民族之间的矛盾，犹太人压抑的生活环境，都令他感到除了科学研究之外还存在着另外一种人生。就连学术界当中也不是至清至纯的，教授们之间彼此也都渗透着一种历史遗留下来的冷漠与隔阂。

1911年10月，爱因斯坦与同校的赫泽纳尔教授，一起应世界索尔维科学大会的邀请，代表布拉格大学出席。

在大会上，爱因斯坦没想到会有那么多世界科学家的巨头前来，一起汇集在古老的布鲁塞尔城。

代表德国的是热力学权威能斯特教授和爱因斯坦的老朋友普朗克教授；法国来的是数学大师彭卡勒教授和电磁学权威郎之万教授；英国来的是剑桥大学的顶尖教授卢瑟福；波兰来的是当时已经闻名世界的居里夫人。

爱因斯坦的老朋友洛伦兹教授是索维尔大会的主席。

在这次会议上，爱因斯坦根据"辐射理论与量子"的议题，系统地总结了量子论的各种应用。

演说结束后，全场掌声雷动，爱因斯坦的发言也成为此次大会上最引起轰动、最具有指导意义的发言。洛伦兹教授兴奋地说：

"各位学者，我们都听到了，爱因斯坦博士的力量将解决经典物理学上许多未能解释、未能深入研究的问题……我特别要说明的是，爱因斯坦博士是没有任何指导老师的，他的理论完全是在艰苦自学中探索出来的，这是极其可贵的。我也要顺便说明一个事实，爱因斯坦博士在他任教的苏黎世联邦工业大学档案中，仅仅是一名刚刚聘用的副教授。"

台下一片喧哗，有交头接耳的，有愤愤不平的，也有趁机力邀爱因斯坦去任教的……

参加索尔维会议令爱因斯坦的名望更高了，世界也都认识了爱因斯坦。随后，欧洲的许多大学都纷纷向爱因斯坦发出讲学邀请，甚至大西洋彼岸、美国的哥伦比亚大学也发来邀请。这时，苏黎世联邦工业大学——爱因斯坦的母校终于意识到不能怠慢自己的学生了，他们也打算邀请爱因斯坦来主持一个新开设的数学物理学讲座。

面对这么多的邀请，爱因斯坦最终选择了母校苏黎世联邦工业大学。米列娃也不喜欢布拉格，怀念苏黎世。她与爱因斯坦一样，将苏黎世当成了自己的故乡。而爱因斯坦对母校也有着一种依恋之情，而且那里还有他的好友格罗斯曼，解决引力的问题需要他。

于是，1912年秋天，在布拉格大学一年的讲学期满后，爱因斯坦回到了母校苏黎世联邦工业大学，聘用期限为10年。

爱因斯坦在美国作演讲时，有人问："你可记得声音的速度是多少？你如何记下许多东西？"爱因斯坦轻松地回答道："声音的速度是多少，我必须查辞典才能回答。因为我从来不记在辞典上已经印着的东西，我的记忆力是用来记忆书本上没有的东西的。"

第九章　柏林的苦与乐

　　人所具备的智力仅够使自己清楚地认识到，在大自然面前自己的智力是何等的欠缺。如果这种谦卑精神能为世人所共有，那么人类活动的世界就会更加具有吸引力。

——爱因斯坦

（一）

　　恋爱可以很浪漫，但一起生活，一天到晚柴米油盐是再现实不过的了。爱因斯坦与米列娃之间的感情裂痕早在伯尔尼的时候就已出现，当时他们的生活十分拮据，可爱因斯坦却不食人间烟火似的每天与一大堆朋友散步、野餐，举行家庭音乐会，讨论各种在米列娃看来是属于云里雾里，一点也不切实际的问题，这一切让她感到厌烦。

　　而且，爱因斯坦对生活漫不经心的态度也让她非常反感。本来也积极上进、充满理想的米列娃，在与爱因斯坦结婚后，成为一个整天陷于家庭琐事的庸俗主妇，葬送了自己的科学前途，这让她的心理很不平衡。

　　渐渐地，两个人心灵上的交流越来越少，摩擦则日益频繁。在布拉格生活的时间虽然不长，但在这期间，爱因斯坦与米列娃两人之间的关系却更加恶化了。因为在那里，米列娃受到两种根本的种族势力的挤压：一种是丈夫那种大日耳曼主义对斯拉夫民族的种族歧视；另一种是更接近她自己的，在她身上占主导地位的斯拉夫式的感情受到排挤，这就进一步加剧了两人之间的矛盾。

在回到苏黎世后，他们的关系不仅没有出现转机，反而还不断恶化，只不过表面没有破裂罢了。

1913年，米列娃在给朋友的信中说，她的丈夫现在只为他的科学活着，而对他的家庭几乎全不在意。

由于两个人个性都比较强，发生摩擦后谁也不肯主动让步。爱因斯坦得不到妻子的理解和支持，一方面将自己更多的精力放在科学研究上，另一方面就将埋在心底的话向自己认为合适的对象倾诉。

早在妹妹玛雅到伯尔尼写论文时，就曾告诉爱因斯坦，年少时曾专心听他拉小提琴的表妹伊丽莎很早就与一个商人结婚了，并且有了两个孩子。但由于个性不合，他们很快就离婚了，现在独自一人带着孩子住在柏林的父亲家中。

1912年，爱因斯坦因公从布拉格到柏林出差，曾去看望了表妹。从那时以后，两个人就开始秘密通信，并且关系日渐亲密。

在与表妹伊丽莎的通信中，爱因斯坦也毫不避讳地向她倾诉了自己的家庭烦恼。而这时，米列娃的身体也变得不好起来。由于严重的腿疼，她行走困难，精神也日渐沮丧，脾气也越来越暴躁。

在从布拉格返回苏黎世以后，爱因斯坦再也不是饥肠辘辘地在大街上徘徊和遭人白眼的穷学生了，甚至也不是两年前不得不依靠收留几个寄宿生来解决家庭经济难题的副教授了。现在，他是以一个名震学术界的教授身份回到昔日自己曾经坐在里面听课的教室开始讲课了。

在苏黎世联邦工业大学执教的几个学期中，爱因斯坦先后开设的课程有：解析力学、热力学、连续介质力学、热的动力学理论、电和磁、几何光学等。此外，他还主持每周一次的物理学讨论课。

当时的苏黎世，学术空气十分活跃，尤其是在物理和数学方面。爱因斯坦主持的讨论课，所有的副教授和大学的许多物理系学生都来参加。

与此同时，爱因斯坦也在不断进行着自己的科学研究。他与格罗斯曼教授共同合作，当数学知识不够时，就寻求格罗斯曼教授的帮助。格罗斯曼也再一次给予了爱因斯坦极大的帮助，指出要解开引力之谜，就必须有现成的数学工具——黎曼几何和张量分析。两个老朋友再度携手，共同攻克难关。他们的第一个合作成果就是《广义相对论和引力理论纲要》，其中的物理部分和数学部分是他们分别撰写的。这也是爱因斯坦在广义相对论探索的道路上迈出的主要步伐。

（二）

在与爱因斯坦的两次接触以及通过他的科学成果，普朗克认识到了爱因斯坦的意义与价值。在索维尔会议结束后，他就决心要将爱因斯坦弄到柏林去，并为此做了一系列的努力。

当时的德国，专门的国家科学机构或政府倡议私人投资建立的科学机构不断涌现。在这些机构当中，理论研究受到执政者的高度重视。为了从英国夺取科技和工业发展的优势，以"铁腕政策"重新划分市场、原料产地及投资地点，日耳曼帝国十分希望能令理论研究的实力集中在扩张工业和军事竞争上面。

于是，各个金融寡头开始宣布建立协会和研究院，并以受过加冕礼的倡议者的名字来命名，如"威廉皇家协会"便是由银行家和工业家们共同组成的。他们对研究院提供资金赞助，并给予他们许多特有的权利。

"威廉皇家协会"准备吸收当时世界上最优秀的科学家加入，给予他们比较优厚的酬劳，而且没有任何的教学任务，他们在这里可以进行任何个人感兴趣的研究。设想一下，让这些研究带来累累硕果不是没有可能的。

挑选学者的具体工作由普朗克与能斯特负责。1913年夏季，肩负德意志使命的普朗克与能斯特来到苏黎世，向爱因斯坦发出了盛情邀请。

但是，要请动爱因斯坦到德国去也不是件容易事。虽然他出生在德国，可他年轻时就毅然放弃自己的国籍，不做德国人。在德国人心目中崇高的品德，如忠君、爱国、英勇、服从等，却常常被爱因斯坦称为愚蠢和盲从。要让这样一位"怪人"到德国去发展，没有极大的吸引力是很难的。

为此，普朗克也开出了诱人的"钓饵"：邀请爱因斯坦接受柏林的三个职位。注意，是三个，而不是一个！如果换做任何一位年纪较大或资格较老的教授或研究人员，其中的任何一个职位都可以将其当做终生事业了，而当时的爱因斯坦只有34岁。

第一个职位是请爱因斯坦担任正在筹建中的威廉皇家物理研究所所长；第二个职位是请爱因斯坦担任柏林普鲁士皇家科学院的院士，年薪1200马克；第三个职位是聘请爱因斯坦为柏林大学教授，他具有授课的权利——只要他有兴趣，但没有讲课的义务，讲课的内容与时间、讲多或讲少，都由他自己决定，其他一切事务他都可以不过问。

当一切都安排妥当之后，普朗克与能斯特便亲自动身来苏黎世请爱因斯坦。

这下爱因斯坦又踌躇起来了。去的话，他实在不想离开苏黎世这个和平、宽松而熟悉的环境；同时，一想到德国统治者那种傲慢、伪善的态度，他心里就反感。可不去的话，丰厚的待遇、充裕的时间以及好得不能再好的研究条件，不正是自己梦寐以求的吗？

还有一点，就是爱因斯坦对自己的创造性有着一种隐忧，他曾对朋友说：

"柏林的先生们将我当做豢养的产卵鸡，可连我自己也不知道，我还能不能下蛋！"

爱因斯坦陷入了游移不定之中。

不过，经过一番审慎的思考后，爱因斯坦还是决定接受普朗克的邀请前往柏林。因为柏林是当时的自然科学研究中心，有一流的设备、一流的人才，的确是研究与推广相对论的最佳地点。为了自己心爱的科研事业，他决定尝试一下柏林的生活。

这一次，爱因斯坦是只身前往柏林的。这也是他第一次与妻子米列娃暂时分开，但这时他已经意识到，他们之间的永远分离已经成为不可避免的事。但与孩子们的分离让他十分痛苦，当着送行人的面，他流下了眼泪。

1914年4月，爱因斯坦到达柏林，并在柏林一直定居到1932年12月。

（三）

走出柏林火车站，爱因斯坦留意观察着这个国际化的大都市。一条纵贯市区的大道，道路两旁种着整齐的菩提树，这就是闻名遐迩的菩提大道。

大道的西头，就是著名的布兰登堡，东面则是去年爱因斯坦来接受普鲁士皇家科学院院士荣誉的德国皇宫，雄心勃勃的威廉二世皇帝就居住在那里。

这是一个缺少厚重文化积淀的城市。爱因斯坦在心中梳理着自己对柏林的印象，除了现代化的高楼大厦之外，它没有中世纪的城堡，没有历史悠久的青石砌就的街道，更没有那让人怀念的古迹了。

爱因斯坦很快就投入了工作，熟悉皇家科学院和物理研究所的一切事务。现在，他每天都很忙碌，这可能也含有另外一层的意思，就是想暂时摆脱家庭带给他的烦恼。

空闲的时候，爱因斯坦不愿意个人待在公寓里，他感到十分寂寞。于是，他就经常一个人沿着菩提大道散步，或者在路边喝咖啡。尽管这里有他很多朋友、同事和老同学，任何人都十分欢迎他去家中做客，但他最爱去的地方，还是表妹伊丽莎家中。

这时的伊丽莎已经是一位贵妇人了。她身材高挑，头发时尚地梳向后面，露出光洁饱满的额头。当她美丽的蓝眼睛扑闪着，顾盼自若之间，整个客厅都会辉煌起来。

伊丽莎有两个女儿，离婚后，她就带着两个女儿在娘家住。

每次与伊丽莎见面，爱因斯坦的心情都会特别舒畅。后来，他索性带来了自己的小提琴，为伊丽莎和孩子们演奏。每次演奏时，伊丽莎都会静静地坐在一边聆听。

从此以后，爱因斯坦在伊丽莎家中度过了很多个愉快的夜晚。只要有空，爱因斯坦就会来到这里，与她们一起吃晚餐，然后再来一次音乐会。

两个孩子睡觉后，爱因斯坦就坐在他最喜爱的椅子上，抽着他的大烟斗；伊丽莎则忙着家务和一些缝缝补补的工作。如果爱因斯坦愿意谈谈他刚刚讲授过的课程或他在实验室中未能解决的问题，伊丽莎就坐在一旁全神贯注地聆听着，仿佛忘记她还要准备第二天的三餐。

当爱因斯坦陷入沉思中时，伊丽莎知道，自己最好不要说话。如果时间很晚，她会为爱因斯坦冲上一杯咖啡，并且送上一块刚刚烤好的蛋糕。

伊丽莎的温柔体贴与善解人意，令陷入婚姻烦恼的爱因斯坦感受到了温暖和关怀。

在柏林，爱因斯坦进行科学交流的基本形式是每周一次的物理讨论会。参加讨论的除了爱因斯坦本人外，还有普朗克、能斯特、劳厄、弗朗克和创立量子力学原理的薛定谔等人。有时，发现铀裂变的莉兹·迈特纳也出席讨论会。后来，这些人都成为爱因斯坦的朋友。

所有参加过爱因斯坦物理讨论会的人，都对爱因斯坦留下了深刻的印象。他不仅能够讲出最深刻的思想，作风上也无拘无束，十分诚挚亲切。这一切都给讨论会定下了自由的基调。

当时，爱因斯坦的主要注意力还集中在相对论问题、引力问题和空间几何的属性对空间中发生事件的依赖性问题上。他的思维在加速运动，每时每刻都在琢磨着这些问题。

不过，这里也有让爱因斯坦感到烦恼的地方，就是繁文缛节太多。他憎恨一定要对他人称呼正确的头衔，不能把教授的太太称为某某夫人，而要称为某某教授夫人。如果称呼别的，就会被认为是对对方的侮辱。

一位教授还要拥有好几套服装，讲课时该穿什么衣服，晨课时应该穿什么，但爱因斯坦有时根本不理会这些，虽然有人在他背后指指点点，他也不在意。

爱因斯坦向来就拒绝各种世俗的想法，例如，参加大学宴会及定期擦皮鞋等，这些无足轻重的细节让他感到很烦恼。他的一位同事曾将爱因斯坦形容得十分恰当：

"在柏林，只有两种物理学家，一种是爱因斯坦一个人，一种则是其他所有的物理学家。"

不过这样一来，爱因斯坦总算能将大部分的时间用在他的物理学研究上。在刚到柏林时，他仍然继续研究在1905年提出的相对论理论。当时，他的这项理论曾引起全世界的轰动，现在他则忙着写一篇声明，要将他的早期学说范围扩大，且更加普遍化，希望能让更多的学生听懂并理解。

爱因斯坦对大学部的学生十分友好，经常抽空帮助他们解决问题，并且不会再向参加听课的每个学生收取费用了。事实上，由于生活简单，没有任何嗜好，爱因斯坦有时甚至不知道该如何花掉他所获得的大量薪水。

第十章　战争与相对论预言

提出一个问题往往比解决一个问题更重要，因为解决问题也许仅仅是一个教学上或实验上的技能而已。而提出新的问题、新的可能性，从新的角度去看旧的问题，都需要有创造性的想象力，而且标志着科学的真正进步。

——爱因斯坦

（一）

当学术界还陶醉于相对论带来的欣喜时，爱因斯坦的目光已经投向了更为广阔的宇宙空间。在那里，恒星、行星、星系以无比宏大的方式运动着，牛顿的万有引力定律早就已经揭示了它们的运动规律，但狭义相对论却无法容纳万有引力定律。而且在考察非惯性系的运动时，狭义相对论也无能为力。

这让爱因斯坦感受到了自己提出的理论的缺憾：一个物理规律，应该在一切参考系中都是相同的，而狭义相对论却如此地偏爱惯性系（匀速运动体系），这不能不说是一种遗憾。

于是，崇尚和谐、完美的爱因斯坦又开始了对广义相对论的研究。

爱因斯坦关于广义相对论的研究早在伯尔尼专利局时就开始了。有一天，他正坐在一把椅子上，突然一个想法从脑海里蹦出来：如果一个人自由下落，那么他就不会感受到自己的重量。

爱因斯坦吃了一惊，这个简单的思想实验对他产生了深刻的影响，将爱因斯坦引入了引力理论。他继续想：一个下落的人被加速，那么他的感觉和判断就都发生在加速的参考系当中。

于是，爱因斯坦决定将相对论扩展到有加速度的参考系中。他感到，这样做也许就能同时解决引力问题。一个自由下落的人感受不到自己的重量，因为可看做在他的加速度参考系中有一个新的引力场，它抵消了地球的引力场。这样一来，在加速度的参考系中，就需要一个新的引力场。

经过进一步的思考，爱因斯坦将思考的结果写入发表在1907年发表的《关于相对论原理和由此得出的结论》论文中。在这里，他提出了一个问题：

"是否可以设想，相对性原理对于相互做加速运动的参考系也仍然成立？"

这也就是说，应该成立一条"广义相对论"原理，即所有参考物体，不论它们的运动状态如何，对于描述自然现象（表述普遍的自然规律）都是等效的。惯性系不应该是自然界中的一种具有特殊地位的参照系。

1913年秋，爱因斯坦从苏黎世前往维也纳参加自然科学家会议时，在会上作了一个关于广义相对论的比较通俗的报告。尽管他的这一理论还没有最终完成，但爱因斯坦已经等不及了。

由于爱因斯坦的反经典意念太强烈，大会因为他的报告而成了一场辩论会，有支持的，有怀疑的，而更多则是反对的。爱因斯坦很喜欢这种场面，因为辩论是人的感官最亢奋的时候，也往往会给自己带来稍纵即逝的灵感。

辩论实在是太激烈了，几乎收不了场。最后，爱因斯坦站起来，在黑板上画了一个示意图，然后说：

"感谢各位，我用我的理论初步推导出天体上星球微弱的光线，从地球上测得，光曲折的角度应该是1.74秒。明年将会有一次日食，天文学家们都将会抓住这个观察测量星球的好机会，到时就会测出我计算出来的数据。朋友们，让天文学来结束这次辩论吧！"

第二年，也就是1914年，一群德国天文学家募足了可以从事这项研究的资金，整理好他们珍贵精密的望远镜，动身前往俄国。

这群天文学家安全地抵达了俄国，但却没有带回他们所希望看到的日全食的结果，因为这一年的8月，第一次世界大战爆发了，人类陷入一场浩劫之中，俄国、法国和英国一起向德国宣战。

所以，这群德国天文学家刚刚跨过俄国边境线，就被俄罗斯军队当成间谍逮捕，并关进了监狱。他们携带的仪器也全部被砸碎。一直到4年后战争结束，和平来临，他们才被释放，回到德国。

（二）

爱因斯坦是一位彻底的和平主义者。许多年来，他一直认为，没有任何事情能够使他参加任何战争来对抗自己的同类。他发现，住在德国这样一个好战的国家实在为难，尤其是战争期间，更是尴尬。

战争期间，他再也不能像从前那样与同事们自由地交往了。因为在原来的朋友当中，反战的人太少了。他每天就像躲避瘟疫一样，避开普鲁士科学院和威廉皇家学会那些数不清的研究炮弹、飞机和潜艇的委员会。他将自己锁在工作室里，夜以继日地紧张地进行着广义相对论的研究工作。

这时，爱因斯坦在给朋友的信中写道：

> 在惊慌失措的欧洲，正在发生某种难以置信的事情。这样的时刻表明，我们是属于多么卑劣的生物品啊！我沉默地继续进行和平的研究与思考，但却被怜悯和厌恶所笼罩。

可在当时，战争的如此浩大，爱因斯坦就算想不予理会也是不可能的。所幸的是，他所从事的研究工作并不会与战争发生关联。他很庆幸自己不是实用科学家，虽然他的同行们由于对毒气及炸药的研究做出杰出贡献而获得莫大的荣誉，但爱因斯坦却不想得到这种殊荣。不过，在舆论方面，有关单位还是希望他能站在德国一边的。

1914年，德国宣称，他们与孤独无助的小国比利时签订的合约只不过是一张废纸。后来，德国侵入了比利时，并给比利时无辜的人民带来了毁灭性的灾难，世界各国对德国的这一卑劣行径深感震惊。全世界的舆论都一致指责德国：

"只有野蛮的人才会这样做，为我们带来文学、科学和音乐的德国人怎么能这样做？这并不是歌德和贝多芬的德国，这是野蛮人的德国！"

德国政府企图在世界舆论法庭上为自己辩护，证明不仅政治家和军事领袖支持他们的这项行动，就连作家、科学家和音乐家也同样支持。

于是，德国文学界的一些人在军国主义分子的操纵下，炮制了一份颠倒黑白的《告文明世界书》，为德国的侵略行径辩护，鼓吹"真正的德国精神"、"德国利益高于一切"的论调，并且煽动和威逼利诱德国科学家的一些名人在《告文明世界书》上签名，表示支持。

这天，三辆军用吉普车闯进皇家科学院，并直接停在了物理研究所门口。

爱因斯坦正站在窗口想问题，一群黑衣军人忽然进来了，其中的一个挂着少将军衔的人不客气地拉过所长的办公椅坐了下来。他从副官的手中拿过一沓文件，扔到爱因斯坦面前，说：

"爱因斯坦院士，请阅读，请签字。"

爱因斯坦仍然靠在宽大的窗台前，他不是失礼，而是大脑还沉浸在一大堆演算公式当中没回过神来。现在屋子里突然闯进一大群黑衣人，他有些本能地排斥。

爱因斯坦眯着眼睛，看到文件硬皮封面上有几个粗大的字——《告文明世界书》。他拿了起来，冷静地一页页翻过去。到最后的签字页，他匆匆地扫了一眼，非凡的记忆力让他马上就数出一共有92个人。

爱因斯坦猛烈地咳嗽起来，这其实是一种掩饰。因为他突然感到胸闷，他尊敬的朋友普朗克、能斯特、奥斯特瓦尔德等的名字都赫然在目！

爱因斯坦并没有签字，而是礼貌地合上文件，交给了副官。

将军看了看，又说：

"院士先生，请签字吧！"

爱因斯坦沉默了片刻，然后像平时在讲台上一样，提了提裤子，说：

"阁下，战争发生后，再来宣扬自己无罪、别人有罪，已经毫无意义了。现在最紧要的是，在世界各国的监督下，交战各国立即停止战争，销毁武器，致力于恢复和平的工作。所以，我认为，签署这份文件毫无意义！"

将军听了，毫无表情地站了起来，礼貌性地向爱因斯坦行了一个举手礼，然后带着随从离开了。

因为爱因斯坦现在已经不再是德国公民，他是瑞典人，所以政府对他也无可奈何，不能将他当成叛国者。

望着军车的离去，爱因斯坦透过窗户，伸了伸他的大舌头。

（三）

面的侵略战争给人们带来的灾难，爱因斯坦觉得沉默是有罪的，在这样的时刻应该站出来大声疾呼，唤醒那些受到蒙蔽的人民。

于是，他与三位不大有名的人针对《告文明世界书》，发表了一份《告欧洲人民书》，号召整个欧洲人民团结起来，争取和平。这也是爱因斯坦一生当中所签署的第一个政治宣言。

1914年11月，爱因斯坦作为"新祖国联盟"的创始人之一，组织德国反战的知识分子为正义与和平工作。

当然，在参与正义事业的同时，爱因斯坦也没有放弃自己关于相对论的研究。为了能够尽快解开谜团，他努力地钻研格罗斯曼介绍给他的数学工具——黎曼几何和张量分析。

格罗斯曼说得没错，后来爱因斯坦就是利用这两种数学工具创立了广义相对论。广义相对论中的一些方程式就包含了他所寻求的"时空连续性"结构依赖于物体分布的规律。

"时空连续性"在巨大的物体存在的情况下，原来真是非欧几里得的"思维连续统一"。物理学从此得出了这样的推论：三维空间在接近巨大物体时就会发生弯曲，物体时间的进行速度在这种情况下也会引起变化，而弯曲的发生遵循的是黎曼定律。

这就是说，任何物体在进入非欧几里得领域，就开始以曲线运动，就像在弧形路线上的列车顺着给定的弯曲轨道曲度行进那样。而引力之谜，就正好隐藏在这里。

当爱因斯坦熟练地掌握了一系列的数学工具后，他的新思想也渐渐清晰起来。但掌握工具是一回事，利用这一工具来达到预期的目的却需要长期艰苦的、创造性的劳动。对此，爱因斯坦也曾在不少场合以不同方式谈到了这一研究的甘苦与艰辛，这也反映了伟大科学家在科学探索过程中不屈不挠、坚忍不拔的顽强意志和毅力。

后来，爱因斯坦在他的《广义相对论来源》一书中，在谈到他在解决"黎曼度规（即gvu）本身的微分定律是怎样的问题"时，曾经说道：

"它们消耗了我两年极端艰苦的工作，直到1915年底，我才最后终于认清它们的本来面目。"

在这篇文章的结尾，爱因斯坦写道：

> 从目前已得到的知识看来，这愉快的成就好像是理所当然的。而且，任何有才智的学生不需要碰到太多的困难就能掌握它。但是，在黑暗中焦急地探索的年代里，怀着热烈的向往，时而充满自信，时而筋疲力尽，而最后终于看到了光明——所有这些，只有亲身经历过的人才会懂。

功夫不负有心人，更不会辜负聪明过人而又锲而不舍的伟大科学家。通过整整10年的努力，爱因斯坦终于研究出了广义相对论。其内容主要反映在1913年发表的与格罗斯曼合作的《相对论与引力理论综合理论草案》以及在这之后发表的一系列关于引力理论的论文中，即1914年的6篇关于引力的文章，1915年发表的《论广义相对论》和《水星近日点运动的解释》等。

由于参加反战事业，为了保护爱因斯坦，皇家科学院中的一些有良知的官员以爱因斯坦不是本国国民为由，设法让他出国讲学，其实是为他的安全考虑，想让他远离德国柏林这个是非之地。他们甚至集体向军政府担保，让爱因斯坦到远离战火的南美洲阿根廷去讲学，讲学期安排了三个月。

1915年底，爱因斯坦来到了阿根廷。这里的人们热情地接待了爱因斯坦。

讲学的环境条件非常好，可爱因斯坦根本顾不上领略异国的风情，而是将余暇时间全都放在即将完成的课题研究上。

1916年，从阿根廷回到德国后，德国国内的形势仍然让爱因斯坦感到压抑。每天，螺旋涡轮式双翼飞机的噪声照样搅得城市不得安宁；各大报纸还在用大篇幅的版面鼓吹战绩。

爱因斯坦只好将自己关在书房中，整理手稿，然后在很短的时间内完成了一份总结性的论文《广义相对论基础》。

这篇论文发表于1916年3月。论文注重实例，成功地解释了水星近日点的一系列活动，与历来人类进行天文观察得来的数据完全吻合。而且爱因斯坦还肯定地指出，经过一系列的计算，星球上发出的微光到达地球，光曲折的角度是1.74秒！

爱因斯坦确信，相对论已经成为一个系统的物理理论了！

第十一章　相对论的验证

　　不管时代的潮流和社会的风尚怎样，人总可以凭着高贵的品质，超脱时代和社会，走自己正确的道路。

——爱因斯坦

（一）

　　爱因斯坦一向认为，科学家应该成为世界的公民。他的研究工作是集合许多国家、许多人的思想而成的，其中包括了意大利、英国、德国、美国以及丹麦等。政治可能把他们的国家引向战争，但科学家应该只追求真理，不管真理是在何处发现的，都应该对它表示欢迎。

　　很显然，某些科学家也十分同意爱因斯坦的这种看法。在大战仍然进行期间，英国的一群科学家还在继续研究爱因斯坦有关相对论的论文。虽然爱因斯坦在德国大学担任教授，但这些英国人并不将他当做敌人，而是只对他的理论感兴趣。

　　早在1911年爱因斯坦提出光线掠过太阳表面会发生0.83秒的偏转时，柏林的天文学家费劳因德力西就决定去验证这一推论。

　　怎样验证呢？在白天强烈的太阳光下根本看不到星星，晚上可以看到星星，可太阳又下山了，如何才能在有太阳的时候看到星光呢？

只有在日全食的时候，月亮遮住太阳，刹那间仿佛夜幕降临了一样，这时就能看到紧挨着太阳的星光了。

1914年8月，科学家推测，在俄国的克里米亚半岛能够看到日全食，于是费劳因德力西便率领观测队赶往克里米亚。

不巧的是，第一次世界大战在这时爆发了，费劳因德力西等人不仅没有看到日全食，还被抓了起来。观测日全食的计划也随即流产。

然而，科学的进步是任何人都阻挡不了的。1917年，战争仍然在继续，而英国皇家学会天文学分会会长经过观察研究，向一些科学家报告说，在1919年即将发生一次日全食。这是一次极佳的机会，可以让他们验证爱因斯坦的理论。到那时候，黑色的太阳刚好位于十分明亮的金牛座正中央。巴西西部的某处及西非几内亚湾的一个海岛上是最佳的观测地点。

科学家们听到这个报告，都十分兴奋，认为这是一个很难得的机会。但是，有谁能够获准通过德国潜艇横行的大海呢？德国潜艇的威胁，使当时没有人敢离开英国本土，除非有军舰护航。

但是，虽然没有人能够预测到战争何时才能结束，英国皇家学会及皇家天文会仍然充满希望地指派了一个委员会，负责安排这次观测任务。

幸运的是，1918年11月，第一次世界大战在各国人民的顽强抵抗中，以德国军国主义政府失败投降而告终。

1919年2月，英国组织了两支远征队分赴两个观测点，其中一支由英国伟大的天文学家亚瑟·爱林顿爵士亲自带队，像一首进入未知世界的伟大史诗，像一次扣人心弦的探险，不是去寻找宝藏，也不是为了了解那里的风土人情，完全是凭着对一位伟大科学家的信赖，因为他详尽地阐述了一种大胆的理论，而且仅仅是依靠他的科学推理所获得的。他从纯粹的思想领域里大胆断言：从远处的恒星所发出的光线掠过太阳表面时，会发生1.74秒这样大角度的偏移（后来爱因斯坦经过计算得到这个数字，纠正了他在1911年得到的0.83秒的数字），而按照牛顿的引力理论应该为0.87秒。

科学家们都深知，这不仅是对一位科学家的一种推测的验证，究竟是0.87秒还是1.74秒，是关系两个引力定律、两个物理世界图像哪个更加精确的问题。可以说，它关系到两个科学时代！

为何要派出两个观测队呢？因为日全食时间短暂，而且很可能因为天色阴霾，无法拍下日全食的情景。所以英国皇家学会认为，比较保险的办法就是在地球上两处不同的地点拍摄日全食的情况——一处是在巴西北部的索布拉地区，另一处在几内亚湾的普林西普岛。爱林顿爵士率领的是第二支探测队，在日全食发生前的一个月抵达了普林西普岛。

（二）

日全食的当天黎明，天气阴沉、多云，科学家们都非常担心白跑一趟。如果在日全食发生时，一旦乌云遮住了星星，他们的长途跋涉就等于白费了。

直到最后一分钟，爱林顿爵士等人几乎什么东西都没得到。爱林顿爵士清晰地记得，那天的黎明是在阴云密布中到来的。当日全食即将开始时，黑暗的月轮周围绕着光环，浮现出云层，就像人们经常看不见星星的夜晚所看到的那样。

"没说的，按照原计划进行吧，希望结果是美好的。"爱林顿爵士下了命令。

一个奇怪的、鬼魂似的、半明半暗的光环笼罩着地球，观察场上死一般的寂静，只有换底片暗匣的咔嚓声和挥霍珍贵的几秒钟节拍器时的滴答声。

这时，突然一束闪光出现在看不见的太阳上方，在太阳表面几亿千米的上方持续漂浮。普林西普岛上的观测员们根本没时间去欣赏这奇异的太空景象，他们急切地期待着实验的成功。

天空的云层越来越厚了，仿佛故意与观测队作对，不让人们发现爱因斯坦所推测的情况一样。第一张照片上没有一颗星星的影子，然而在2—10秒不等的时间内，共拍下了16张珍贵的照片。

接近日全食结束时，云层才渐渐变淡，所以最后的几张照片拍摄得倒是比较清晰。在许多照片当中，有一个或几个十分重要的星星没有拍到。但有一张底片却终于成功了：五颗星星的光照在底板上，这样就足以验证爱因斯坦的理论了。

他们终于获得了这些珍贵的照片。几个月后，两支探测队分别返回了伦敦，他们所拍的照片在实验室经过仔细观测，并考虑到一切可能性的错误。天文学家们用很长的时间严肃地讨论着这些可能性，测量这些星星的人员也时时提防发生错误。

1919年11月初，在英国皇家物理学会和皇家天文学会举行的一次重要的联席会议上，在热烈而紧张的气氛当中，英国皇家天文学会会长公布了两个观测队的观测结果：

"两支探测队所做的观察已经证明了光呈现出1.64秒等值的偏离弧度，而爱因斯坦以纸笔所算出的预测弧度则为1.74秒等值。"

皇家学会主席汤姆逊爵士，其本人也是一位物理学家。在演说中，他描述现在已经获得证实的爱因斯坦理论为"人类思想史上最伟大的成就之一"。

他说，爱因斯坦不是发现了一个孤岛，而是发现了整个新的科学思想的新大陆。这是牛顿首先阐明万有引力原理以来所做的和引力相关的最伟大的发现。尽管在当时，爱因斯坦的理论对于一般人来说还是深不可测的，就是作为这次会议主席的英国物理学界的权威也坦白地说：

"我不得不承认，到目前为止，还没有一个人能用简单的语言向我讲述爱因斯坦的理论实际描述的内容。"

然而，这件事本身却以其重大的意义在某些方面震撼了整个世界科学界，震动了每一个人。

就在11月7日的当天傍晚，伦敦街头的告示牌上以巨大的字体标出了当天头条新闻。行人们透过傍晚的浓雾，凑到昏黄的灯光下，看到告示牌上写着：

"阵亡将士纪念日，各地实施停火。"

在那天早上，已经有许多人在没有人提醒的情况下，主动将鲜花放在无名英雄的墓前。而当他们将要移开满含泪水的目光时，也许会稍微停下脚步，看一眼第二个标题——

"科学上的伟大革命：牛顿理论被推翻！"

不久后，爱因斯坦就在他柏林四楼的公寓里，小心地打开刚刚从伦敦寄来的一个包装得很好的邮包，然后拿出那些观测照片。他若有所思地凝视着这些星球的照片，这些照片中阴影中透露出的闪烁光芒，终于验证了他的学说。也许在那一刻之前，他还不了解这种证实对他具有多么大的意义。

（三）

爱因斯坦的理论被证实的消息很快就传到了德国科学院，所有人都过来表示祝贺。而爱因斯坦不善应酬，只是不停地重复一句话：

"真理永在，我不过只是找到了它而已。"

各大报纸每天都在刊登这位伟大的科学家的消息，不仅刊登了关于相对论的评说，还刊登出他的一些生平逸事，其中一些干脆就是胡乱编造的。杂志上也开始出现他本人及其研究成果的长篇文章。

由于爱因斯坦的照片登出的次数太多了，无论他走到哪里，都会被人们认出来。而爱因斯坦所到之处，更是受到了总统般的礼遇，人们给予他极高的赞誉，甚至还以漫画、广告等方式表达对爱因斯坦的崇敬。世界各地的大学和科研机构也竞相聘请爱因斯坦作为特邀教授前往讲学。

与此同时，家里的来访者也一天比一天多，有人是来要他的签名，有人是来与他探讨科学，还有人来向他阐述自己的惊人理论……这些让爱因斯坦感到很烦恼。

有个住在巴黎的美国商人，特地从巴黎赶到柏林见爱因斯坦一面，回去后就在报纸上发布了一个悬赏榜：

"能用3000字的篇幅，通俗地解释爱因斯坦教授的相对论者，奖励5000美金。"

可是需要聘请专家组成征文评审委员会却让美国商人伤透了脑筋。于是，他接二连三地给爱因斯坦写信，并许以重金聘请爱因斯坦出任评审委员会主席，但都没有获得回音。

后来，这个商人总算东拉西扯地组成了一个班子，从300多篇来稿中选了一篇，获奖人据说是个一辈子在专利局服务的60岁老人。

那期间，每当爱因斯坦在柏林讲课，大厅里总是被围得水泄不通，听众常常有上千人，其中有不少根本就是凑热闹的人，尤其有不少是外国的游客。

一位目睹过当时情景的人曾作过这样的描述：

报告厅里坐着许多身穿珍贵裘皮大衣的美国、英国阔太太，她们都手举望远镜，仔细端详着这位学者。报告一结束，这些外国游客就冲向黑板，为抢夺这位红极一时的学者写字时留下的笔头而争论不休。他们想把这些东西带回去，珍藏起来，留作纪念。

任何事情，一旦"热"起来后就难免有过火之处：浮夸、吹捧、拔高，什么都出来了。这种情况对那些爱慕虚荣的人来说，正是求之不得，但对于实事求是的科学家爱因斯坦来说，简直就是无法忍受的。

朋友们见爱因斯坦每天不胜其烦，便给了他一个忠告：避而不见不如完全公开。因为好奇心是人的一种本能。爱因斯坦无可奈何，只得接受了朋友的建议。

于是，朋友替爱因斯坦秘密地约见了《泰晤士报》的主编。

11月28日，全球发行的《泰晤士报》的前面几个版面，都是关于爱因斯坦的独家报道。在报道中，爱因斯坦说：

"为大家所注目的我的相对论理论，其最大优点就在于这个研究课题本身的结构之美，会令人沉浸在无穷的遐思之中。可是，我希望各位不要以为先驱牛顿先生的那伟大的成就和事业将会被这些理论所推翻。"

然后，爱因斯坦以极其通俗易懂的语言解释了相对论的原意。最后，他写道：

"我完全清楚，我没有什么特殊的才能，兴趣专一、顽强工作及自我批评才使我达到了我想要的那一步。尊敬的《泰晤士报》所刊载的关于我个人和我的环境的报道，完全是记者先生风趣而又活泼的想象力的产物。"

写到结尾，爱因斯坦特有的孩子气又上来了，他不乏幽默地说：

"读者们如果有兴趣应用相对论，我就是一个例子。比如，我今天在德国受到欢迎，被大家认为是德国的科学家，而在英国却被称为是瑞士籍的犹太人。如果到了哪一天，我成了不受欢迎的人，那么我在德国就会被认为瑞士籍的犹太人；而在英国，就会被叫做'那个德国佬'了。"

爱因斯坦到普林斯顿大学后，被带到他的办公室那天，工作人员问他需要什么工具。

"一张书桌、一把椅子和一些纸张铅笔就行了。哦，对了，还要一个大废纸篓。"他说。

"为什么要大的？"

"我需要把所有的错误都扔进去。"

第十二章　婚姻的变故

　　每个人都有一定的理想，这种理想决定着他的努力和判断的方向。

——爱因斯坦

（一）

　　自从来到柏林后，爱因斯坦与米列娃之间的感情更是日渐淡漠。在1914年第一次世界大战爆发后，战火就像一头疯狂的野兽一般，肆意侵袭着各个地方。虽然瑞士是中立国，米列娃和孩子们在那里还算安全，但邮政、电信和交通等通通都断了，他也收不到家里人的消息，不知道米列娃和孩子们怎么样了。

　　在战争期间，各种不方便之处对爱因斯坦这位爱好和平的教授来说，虽然没有很大的影响，但仍然令他感到苦恼。因为饥饿在处于战乱之中的德国首都柏林无情地肆虐，爱因斯坦也只能靠领取已经削减过的口粮生活。

　　1917年初，当一位朋友去看望爱因斯坦时，发现他脸色苍白而消瘦。这座位于柏林阔人住宅区的寓所中，连火炉都没有生，屋里潮湿而阴冷。爱因斯坦一个人裹着一件破旧的晨衣坐在桌子前吸着烟斗，而烟斗也是空的，因为爱因斯坦已经很久都买不到烟草了。

尽管在学生时代因为饮食不规律而使胃部受损，但爱因斯坦的食欲一直不错，而现在战争已经使德国的各大城市都买不到食物了，这也令爱因斯坦的胃病开始恶化。

爱因斯坦每天会到表妹伊丽莎家中吃午餐。伊丽莎是一位天生的烹调能手，虽然粮食紧缺，但她还是可以设法为爱因斯坦和孩子们准备出比较好吃又营养的午餐。

这一天，已经过了午餐的时间，爱因斯坦还没出现，伊丽莎有些担心。因为这些日子她发现爱因斯坦明显的精神不济，胃口也很差，常常只吃一小片面包就走。她还注意到，爱因斯坦的眼球有些发黄。

伊丽莎带着食物匆匆赶到爱因斯坦的寓所，她希望爱因斯坦是因为沉迷于研究而忘了午餐的时间。可是一开门，她就听见爱因斯坦痛苦而无力的呻吟声。

爱因斯坦病了，而且病得很严重。皇家医院的医生一诊断，就要求他马上住院，因为爱因斯坦患了多种病：黄疸型肝炎、胃溃疡和精神虚弱症。

爱因斯坦央求医生，希望能够回到家中治疗。伊丽莎也帮着爱因斯坦说话，称她也懂一些医学知识。因为在战争刚开始时，她还曾应召去军队的医院看护伤员。其实她心里是希望由自己来照顾爱因斯坦，她愿意与爱因斯坦在一起。

伊丽莎从心底敬佩这位才华横溢的表兄，那么多内容深奥的书，她连一句都看不懂。而爱因斯坦震惊世界的论文手稿，经常是写在拆开的信封背面，一页白纸也要正反两面都用上，草稿纸也是先用铅笔写了，再用鹅毛蘸着水笔来写第二遍。

伊丽莎希望自己可以照顾表兄的生活，让他的病快点好起来。在爱因斯坦和伊丽莎的一再要求下，医院同意他们出院回家养病，但叮嘱爱因斯坦一定不能太劳累。

为了方便照顾，伊丽莎将爱因斯坦接到自己家中。爱因斯坦差不多病了一年，主要是缺乏食品和药。无论什么战争一爆发，这两样东西都是最紧缺的。幸好有伊丽莎的精心呵护，他总算恢复了健康。

在身体刚有些起色的时候，爱因斯坦就要求看书研究课题，被伊丽莎拒绝了。

爱因斯坦很生气，他说：

"让我无所事事，那要比死去更难过！"

伊丽莎只好让步了。她在为爱因斯坦编制的康复计划中，加入了每天三小时的阅读时间。

在那个被战争所破坏的世界里，伊丽莎这位愉快、能干的妇人为爱因斯坦带来了和平安定的生活，也让他的寂寞得到了慰藉。他开始越来越依赖伊丽莎在日常生活上的协助。对其他人来说，他是个伟大的科学家；而对伊丽莎来说，虽然没有人比她更为爱因斯坦的声名感到骄傲，但伊丽莎仍然认为爱因斯坦是个不切实际的梦想者，他需要一个妻子来照顾他、管理他，使他能够定时用餐以及记得每天穿上袜子。

伊丽莎的公寓里有她喜欢的书籍、图画和鲜花，显得舒适漂亮。在那里，爱因斯坦可以与伊丽莎闲聊、听音乐，度过愉快的一天。爱因斯坦认为，像这样一位愉快的主妇，虽然对物理和高等数学丝毫不懂，但却是一位理想的妻子。

（二）

战争结束后，爱因斯坦回苏黎世去看望了孩子们。战争阻隔了4年，爱因斯坦与米列娃之间好像建起了一堵无形的高墙。

在苏黎世，米列娃的生活悠闲而有规律，她已经完全融入了苏黎世美丽典雅的风情之中。这位匈牙利裔的瑞士国民，已经是一位体态丰盈、端庄成熟的中年妇女了。

而大病初愈的爱因斯坦在战争结束后又重新获得了自由，又成为科学界的领军人物，自然少不了疲劳奔波，所以显得格外憔悴。

回到家后，爱因斯坦并没有感到一种久别重逢的喜悦。虽然米列娃将家中安排得很舒适，两个儿子也被教育得很懂事，但爱因斯坦总感觉米列娃热忱的笑容是为一位尊敬的客人准备的。

1919年2月14日，爱因斯坦和米列娃的离婚请求得到了法庭的批准。

回到柏林后，爱因斯坦没有对任何人提起他与米列娃离婚的事。他不善于表达，更何况那是曾经相濡以沫的妻子，他不知道如何表达自己的心情。

在心烦意乱时，爱因斯坦就一个人到大街上游逛。有一天，他逛到火车站，便下意识地买了一张车票，登上了去荷兰的火车，到莱顿大学去看望老朋友洛伦兹教授。

伊丽莎以女人特有的敏感和细心，感觉表兄在这次回柏林后时常在沉思中走神。在这之前，他很少有这种情况。她敏锐地感觉到，爱因斯坦在苏黎世的家中一定是发生了变故。

爱因斯坦回来后，伊丽莎以更加炽热的温存，抚慰着表兄那颗受伤的心。这一切不需要任何表白，因为他们是从小一起长大的，彼此都很了解对方。

1919年6月，爱因斯坦与表妹伊丽莎走到了一起。当时，爱因斯坦40岁。对爱因斯坦的第二次婚姻，他的母亲好像很满意。在他们婚后的6个多月，她便搬来与爱因斯坦夫妇同住。

伊丽莎天性乐观、勤劳，以成为爱因斯坦的妻子为荣。但当时也有人对她颇有非议，认为她是贪图名利之人，还有人认为她将爱因斯坦看成是她的私有财产。

不管人们如何评价伊丽莎，但她在爱因斯坦的生活中，无微不至地照顾他，给予他精神上的理解和支持，却是不争的事实。

虽然在事业上伊丽莎无法给爱因斯坦提供直接的帮助，因为她对物理学一窍不通，但伊丽莎了解爱因斯坦，并倾己所能地给予爱因斯坦所需的一切：温馨、宁静的家庭氛围，甚至爱因斯坦所钟爱的——孤独。

伟人与天才也不是完美的，爱因斯坦曾在给好友贝索的信中说：

"我承认，与米列娃的婚姻破裂主要责任在我。婚姻对于我的耐心是一种考验。"

后来，爱因斯坦获得诺贝尔奖金后，便将全部的奖金都给了米列娃，让她用于她和两个孩子的生活。

米列娃的生活后来很不幸，最大的悲哀是她的小儿子爱德华患上了精神病，且对她也不够理解，而她自己的身体也不好。离婚后，因为孩子看病开支大，她经常抱怨爱因斯坦给她和孩子的帮助不够，并通过教钢琴和给私人教授数学来维持生活。

最后的几年，米列娃甚至成为一个偏执狂。1948年8月，米列娃因病去世。

（三）

再次结婚之后，爱因斯坦夫妇就住在柏林的一处宁静温馨的公寓中。伊丽莎每天都将家里收拾得很干净、舒适。她还挑选一些高雅的家具、浓淡合宜的窗帘、精美的餐巾等，一切都显示出伊丽莎作为家庭主妇的品位。虽然，爱因斯坦是否会注意这些情况倒颇值得怀疑，但爱因斯坦却相当欣赏他的书房，那是一间装饰十分朴素简单的房间，里面放着很多书籍和文件，它隔离了一切可能会打扰到他的事物，使他能够专心致志地在这里阅读、研究。

很快，爱因斯坦的新家就成为柏林许多知识分子及艺术家的聚会场所。只要有人告诉爱因斯坦，来访的客人中有几位是音乐家，就不难令爱因斯坦离开他的书房。他虽然讨厌参加正式的宴会，但却很乐于举办这种家庭小聚会。他发现，在家中度过一个有音乐的夜晚后，工作起来就会更加得心应手。

除此之外，爱因斯坦的另一个娱乐活动就是去欣赏歌剧或者好的戏剧。

爱因斯坦是个过惯了马马虎虎生活的人，以前米列娃给他安排的家庭生活也是乱糟糟的。而现在，一切都井井有条，就连每天抽多少根烟，伊丽莎都给他安排好了。然而他生就了叛逆不羁的性格，在科学事业、政治理想和生活习惯上，他都是一个勇敢的反叛者。

在伊丽莎为他营造的这个体面、尊贵的中产阶级气氛的家庭中，爱因斯坦就像一个闯进门来的陌生人。他会光着脚走到客厅里，出门时还是不习惯穿袜子，而是直接将脚塞进那磨歪了后跟的皮鞋里。即使有客人来时，他也是这副样子。

　　每次，伊丽莎都假装很生气，向他提出抗议。但爱因斯坦总是笑眯眯地说：

　　"别紧张，夫人，客人都是熟悉的朋友，不是吗？"

　　在家里的仆人眼中，男主人越来越长的头发、心不在焉的表情以及他那身随随便便的衣服，在天鹅绒的大窗帘前，在花篮形状的大吊灯下，总是显得有些不协调。可这位男主人全然不顾及这些。

　　从现存的照片中，我们也可以看到爱因斯坦那独特的魅力。对于爱因斯坦的外貌、习惯和工作方式的回忆，也足以让我们勾勒出他那不羁的个性。

　　在爱因斯坦成名之后，举世瞩目的荣誉给爱因斯坦带来了很多苦恼。每天都有一拨接一拨的记者来按爱因斯坦家的门铃，要对他进行采访、谈话、拍照……另外，每天还会收到大量的信件。

　　这期间，妻子伊丽莎为了让爱因斯坦能够专心工作，主动担任起爱因斯坦的秘书工作。对于一些不重要的采访，她都一一回绝；对于收到的各种信件，她都进行分类，一些她留下不回信，等着爱因斯坦过目；一些不太重要的，她就自己复信，以减轻爱因斯坦的工作量。这项工作经常占去她大半天的时间，有时甚至是整个晚上。

爱因斯坦刚到美国普林斯顿时，有一天，爱因斯坦寓所的电话响了起来，女秘书海伦拿起话筒，里面说："你能否告诉我，爱因斯坦博士住在哪儿吗？"秘书回答说她不能奉告，因为要尊重博士的意愿，他不愿自己的住处受到打扰。这时电话里的声音降低到近乎耳语般地说："请你不要告诉任何人，我就是爱因斯坦，我正要回家，可是找不到家了。"原来，爱因斯坦参加科学讨论会回来，路上一心思考着讨论的问题，不知不觉地迷了路。

第十三章　为和平奔波

　　雄心壮志或单纯的责任感不会产生任何真正有价值的东西，只有对于人类和对于客观事物的热爱与献身精神，才能产生真正有价值的东西。

——爱因斯坦

（一）

　　1914年11月，爱因斯坦曾组织德国反战的知识分子，为争取正义与和平工作。德国战败后，在反战人士爱因斯坦出乎意料地获得巨大成就的事情上，处于一种十分尴尬的境地。尽管当时《柏林画报》整页都刊载了爱因斯坦的巨幅照片，尽管将德国唯一的荣誉学位"罗斯托克大学医学博士"头衔授予了爱因斯坦，但爱因斯坦毕竟是瑞士人，而且是被日耳曼民族视为异教徒的犹太人。

　　因此，一些德国的极端民族主义分子便开始向相对论发难，并对爱因斯坦进行人身攻击。有个名叫保罗·威廉的人跳出来，到处散发广告，说要与爱因斯坦教授面对面辩论相对和绝对的问题，地点就定在豪华的柏林音乐厅。

　　到了辩论的那天，柏林音乐厅里挤满了怀着各种心态的人，但就是不见爱因斯坦到场。没办法，威廉只要唱独角戏。

他发表了慷慨激昂的演讲，最后他说：

"爱因斯坦的那个相对论，根本就不是什么理论，而是一部拙劣的科幻小说。科学否认绝对，无异于自杀！"

全场都跟着欢呼鼓掌。这时，有个穿着黑色皮外套的听众一面笑嘻嘻地拍着手，一面站起来朝外走去。等人们发现这个人就是爱因斯坦时，他早已不见了踪影。

对于这些对他进行非科学性攻击的人，爱因斯坦通常都没有太大的耐心，有时也会表现出比较反感的情绪。许多德国激进分子和反动派都憎恨爱因斯坦既是一个犹太人，又是一个和平主义者。有一次，在爱因斯坦担任主讲之一的柏林会议上，发生了很不愉快的事，最后竟然要动用武装警察来对爱因斯坦予以保护，这真是让人难过的事。

爱因斯坦在答复对他个人所做的一次最严厉的个人攻击时，仅仅只是宣称说，这种攻击根本不值得回答，因为从科学的角度来说，这样的争论毫无意义。

这类攻击也深深地伤害了爱因斯坦，他一直都希望德国人好战的思想能够完全消失，因为战败后的德国皇帝已经流亡国外，德国现在已经是一个被称为德意志苏维埃共和国的国家，德意志帝国已经完蛋了，军国主义已经垮台了！

而事实上，这位对于自然界看得比谁都透彻、清晰，埋头于研究宇宙间最普遍规律的物理学家，对社会和政治的了解过于简单，甚至近乎于天真了。

其实早在1918年11月9日德意志共和国诞生的那一天起，早已背叛了自己阶级的社会民主党议会党团领袖、共和国临时总统、马靴匠出身的艾伯特先生就已经与陆军首领做了一笔秘密的交易：艾伯特以答应镇压革命左派为条件，请陆军支持临时政府。议会大厦和总理府重重帷幕后面发生的这些脏脏的勾当，是爱因斯坦和无数善良的民众做梦也没有想到的，他们还以为德国战败创造了奇迹，从今以后，德国即将出现和平、民主、自由和社会主义了呢！

由于共和国领袖向反动派投降，与他们沆瀣一气，反动派便得寸进尺，趁机将战争失败归罪于所谓"十一月罪人"的出卖，并叫嚣着要清算"十一月罪人"。

所谓的"十一月罪人"，其实指的就是那些和平主义者、民主主义者和犹太人。而爱因斯坦正好三者俱全。他不仅是犹太人，还是著名的、坚定的和平主义者。在政治倾向上，他更属于资产阶级民主派的左翼，是个激进的民主主义者，人们甚至将他看成是"坚定的社会主义者"，虽然他从来没有参加过任何政党。

因此，爱因斯坦自然也就成了反动派们要清除的对象。

（二）

爱因斯坦在少年时代就十分厌恶德国的军国主义政策，这是他的直觉，也是他善良正义天性使然。为此，他坚决放弃德国国籍，或许他早就预感到德国是容纳不下他的。

到1919年，爱因斯坦的名气如日中天。但是，德国人却是抱着一种很复杂矛盾的心情来看待爱因斯坦的。

第一次世界大战的失利，让德国在国际舞台上的地位一落千丈，而此时爱因斯坦的巨大声名却成了统治者利用的资本。他们想借助爱因斯坦的名气，让爱因斯坦去周游世界，宣扬德国，并为德国经济复苏带来好处。

可不久以后，统治者们就发现，一位像爱因斯坦这样有着独立人格的"和平使者"根本不适宜做资本输出的开路人。相反，爱因斯坦还在法国——德国人当时视为不共戴天的敌人——发表反战言论。这极大地刺激了德国军国主义分子。当时，一家颇有影响的报纸就发表评论说：

"无论如何，政府主管部门必须警告他，对他这样一个有职在身的德国人来说，与法国人做学术亲善在时机上极不相宜。"

于是，一些对有民主思想的科学家的敌视行为便开始有组织地蠢蠢欲动起来。

德国的不友好气氛，让爱因斯坦也渐渐感受到自己已身处险境。

就在这时，从苏黎世和莱顿发来了热情的邀请，请爱因斯坦离开饱经战争创伤、自身处境又十分危险的德国，到中立的瑞士和荷兰去，那里既有丰厚的待遇等着他，还有安全舒适的生活等着他。但是，当年痛恨德国、不愿做头等强国德意志帝国公民的爱因斯坦，这时却反而眷恋起战败的德国来。

1919年9月，爱因斯坦在给朋友的回信中说：

> 我答应过普朗克，决不背弃柏林……我在政治上的希望正在实现，如果不必要地出走，这将是小人行径……在大家感到屈辱的时刻，离开那些对我有深情厚谊的人们，将使他们加倍痛苦！

是的，像爱因斯坦这样的人，怎么可能在这种时刻离开德国呢？战争的结果是德国无条件投降，割地赔款，然而德国大地却满目疮痍，惨不忍睹；绝望的人们食不果腹，衣不蔽体……在这种情况下，在战争岁月里为德意志民族争来无限荣誉的科学巨人，成为"德国的国宝"的爱因斯坦，是德国人唯一精神上的安慰与骄傲。德国人民意识到这一点，爱因斯坦自然也意识到这一点。何况在这反对叛乱、拯救民主的岁月里，他还感到了一种自己从未有过的与德国人的密切关系！

同情与支持弱者，这一个总也改不掉的习惯，使爱因斯坦为了支持脆弱的德意志共和国，不顾个人的安危，宁愿牺牲自己的安全与独立性，放弃了曾经为他提供安全保护的瑞士国籍，在这时决定将自己的命运与德意志共和国联系在一起，毅然决然地使自己成为一名德国公民。

随后，为了共和国，为了和平，爱因斯坦积极地参加了一系列的社会活动。其中最重要的，就是参加了"国际知识分子合作委员会"，并积极在其中活动。

开始时，他收到国际联盟秘书长寄给他参加"国际知识分子合作委员会"的邀请柬时，并不知道这一组织具体做些什么，只知道它是为了和平事业进行国际合作。委员中有洛伦兹、居里夫人等这些信得过的老朋友，于是他欣然同意了。

但首次会议尚未召开，爱因斯坦就提出辞职，这主要是为了抗议德国日渐抬头的排犹势力。爱因斯坦的意思是，既然他们认为犹太人无权代表德国科学，那么就请他们另外选人好了。

爱因斯坦的辞呈如同巨石落水一般，激起了国际联盟巨大的波澜。要知道，爱因斯坦可是哥白尼牛顿式的人物，"国际知识分子合作委员会"没有他怎么能行？

于是，国际联盟马上派人前往柏林，对爱因斯坦再三恳求。爱因斯坦经不住劝阻，只好收回辞呈。

1924年7月25日，爱因斯坦出席了国际联盟的"国际知识分子合作委员会"第四次会议。

爱因斯坦在"国际知识分子合作委员会"共任职8年，这期间他断断续续地出席过一些会议，也做过许多发言。他呼吁改革中小学教育——因为当时的教育散布误解和仇恨的种子，将战争美化为一种高尚的事业；他倡议成立世界政府，因为超越国界之上的世界政府可以防止国与国之间发生冲突。

然而，爱因斯坦的这一切善良的愿望最终都化为泡影，因为他太天真、太善良了，以为世界上所有人都与他一样。他不明白，世界上还有剥削阶级与被剥削阶级、殖民地与宗主国之分。

（三）

在第一次世界大战结束之后，爱因斯坦在一段时期内访问了许多国家。他出访这些国家的主要目的，正如他在1932年用电报回答德国莱奥博尔特皇家科学院院长的一份有九大问题的履历表中所说的那样：

> ……偶尔去法国、日本、阿根廷、英国、美国等地讲学，除去帕萨迪纳（美国加利福尼亚南部、洛杉矶东部的一所卫星城市）之外，这些出访的目的并不是为了科研工作。

既然不是为了科研工作，那又是为了什么呢？

是为了恢复和加深德国与各国人民之间的相互谅解，为了团结一切进步人士反对战争、反对种族歧视和迫害、争取和平而活动。

当然，世界各国也都热情地邀请爱因斯坦去讲学。对此，爱因斯坦对伊丽莎说：

"我很乐意前往，至少我成了民间交流的大使，我将访问讲学当成一种和平的使命。"

1920年夏天，爱因斯坦访问了斯科的纳维亚半岛。10月，他又成为荷兰莱顿大学的特邀教授，同时他还发表了论文《以太和相对论》。

1921年1月，他访问了布拉格和维也纳，又在普鲁士科学院做了《几何学和经验》的学术报告。

刚刚从维也纳回来不久，爱因斯坦就要妻子伊丽莎收拾行李，因为他准备进行一次较长的旅行——到美国去，为希伯来大学筹募基金。

在这几年，爱因斯坦对希伯来大学很感兴趣。根据自身的观察与体验，他知道一个来自东欧的犹太学生想要进入一所大学，是相当困难的。许多这类年轻人，不论他们多么努力或者多么有才华，当他们竭尽所能地来到柏林后，竟然发现柏林的著名大学都对他们关起了大门。

而希伯来大学可以解决这个问题。根据爱因斯坦的说法，这所大学可以作为连接东西方世界的桥梁。

英国化学家、多年来担任犹太主义党领袖的威兹曼亲自来到柏林，要求爱因斯坦陪他一起前往美国筹募资金。威兹曼募款活动有两个目的，一是希望募到金钱，在巴勒斯坦购买土地，让更多的犹太人可以在当地的农场和社区工作；另一个目的，就是打算请求资助希伯来大学。爱因斯坦很愿意帮他这个忙。

爱因斯坦很清楚，由于他与日俱增的声望，美国人会乐于参加有他演讲的任何犹太人会议，甚至只要他坐在讲台上就可以了。虽然他感觉这种热诚的活动有些愚蠢，但能够替希伯来大学募集捐款，也是值得的。同时，他也很想看看美国。

1921年4月，爱因斯坦到达了美国纽约。当鹿特丹号远洋轮驶入纽约港时，盛大的欢迎仪式随即开始。

记者们都纷纷采访爱因斯坦。这时，其中的一位大胡子记者大声问道：

"您为什么主张和平？请回答我，教授先生！"

"您问得好，先生。"爱因斯坦脸色严峻，说，"我主张和平，是一种视觉，是一种人类的基本情感，因为杀害生命是一种卑劣的行为。我的态度不是从理论来的，而是基于对人类残酷和憎恶心理深切的反感。也许，在某一天，我会将这种反感理论化，但这已经是次要的事情了。"

美国总统哈代在白宫亲自接见了爱因斯坦，并给予他国宾级的礼遇。在隆重的仪式上，哥伦比亚大学授予爱因斯坦巴纳德勋章；普林斯顿大学则授予他荣誉博士学位。

每一位德裔美国人都对这位来自祖国的访客所获得的荣耀充满骄傲，美国的犹太人更是感激他为祖国同胞所争得的荣誉。

在美国期间，爱因斯坦不仅在几个大学发表了演说，还陪威兹曼到波士顿等地方出席宴会，倡议募捐。爱因斯坦基本都是听威兹曼去说，自己很少说话，但他巨大的声誉和影响却帮了大忙。人们纷纷慷慨解囊，使这次募捐就像爱因斯坦在美国受欢迎那样，获得了远超预料的效果。

后来，爱因斯坦根据自己的感受，向即将赴美旅行的朋友索洛文建议：

"在美国，你必须主动抛头露面，否则挣不到钱，也不会受人注目。"

5月底，爱因斯坦在回国途中，接受了英国的邀请，决定直接出访英国。

（四）

爱因斯坦与夫人到达英国后，汤姆逊与卢瑟福亲自到利物浦码头去迎接他们。紧接着，英国皇家学会在三一学院、牛顿居住和工作的寓所里举行了欢迎仪式。

在访问期间，爱因斯坦在伦敦和曼彻斯特等地做了学术报告。一般学者对这位来自敌国的大科学家的态度要比他们的会长审慎得多，所以在演讲开始时，他甚至没有得到欢迎的掌声。

在演讲中，爱因斯坦阐述了科学的国际意义以及学者们的交流与合作等，讲到了英国人民在世界科学发展史中所起到的巨大作用，也讲到了牛顿。他感谢英国同行，如果没有他们，他也许不能看到自己理论得到最重要的证明。

爱因斯坦在伦敦大学讲了整整一个小时，全场始终都鸦雀无声，仿佛被某种伟大的神秘力量给震慑住了。但报告一结束，全场立即响起了热烈的掌声，他们为这位牛顿伟大的继承者实事求是的精彩演讲而感到由衷地欢呼。爱因斯坦有关科学无国界的思想产生了深刻的社会影响，不仅从根本上扭转了听众的情绪，也大大扭转了英国科学界的情绪。

1922年，爱因斯坦又被邀请到法国巴黎演讲。与英国一样，法国也仍然因为战争而对德国怀有敌意。当爱因斯坦来巴黎时，有许多人表示反对。几位前往比利时边界迎接爱因斯坦的法国科学家听到谣言，说某些团体成员正计划在巴黎火车站对付他们"最近的敌人"。为了安全，他们只好先行下车，把爱因斯坦送到旅馆。

尽管有些法国科学家因为爱因斯坦出生在德国而敌视他，甚至对他故意冷漠，但爱因斯坦却觉得多数人都很和善。许多见过他照片的人，都会很容易地从他那蓬乱的灰白色头发和深陷的眼睛中认出他。他十分感动地发现，当他在巴黎乘坐公交车时，车上的工人彼此都会以肘互相轻触，面带微笑，友好地看着他。爱因斯坦评价说：

　　"在美国就不是这样了。在那里，每个人都会很用力地与你握手，同时把他的名字告诉你。我很快就忘掉了他们的名字，而'握手'累积下来的效果却存留在你的手指头上。"

　　由于爱因斯坦的请求，他去参观了曾经遭受德军侵略的偏远地区。他们一群人在一处军人公墓前停了下来，爱因斯坦摘下他那顶没有形状的软帽子，伤感地凝视着那些似乎没有止境的木十字架——黑色代表德国军人，白色代表法国军人。

　　爱因斯坦轻声说：

　　"我们应该把德国所有的学生及全世界所有的学生都带到这里来看看，让他们看清战争的丑恶。"

　　在巴黎期间，爱因斯坦还见到了他的老朋友、自己始终很尊重的居里夫人。他很钦佩居里夫人的人格力量，就像钢铁那样宁折不弯的意志。1935年，爱因斯坦在《悼念玛丽·居里》一文中写道：

　　　　她一生当中最大的科学成绩——证明放射性元素的存在，并将它们分离出来——所以能取得，不仅是靠大胆的直觉，也靠着在难以想象的极端困难情况下工作的热忱与顽强。这样的困难，在实验科学的历史上是罕见的。

　　他还说：

　　　　居里夫人的品德力量和热忱，哪怕只有一小部分存在于欧洲的知识分子中间，欧洲就会面临一个比较光明的未来。

第十四章　黑色岁月

　　现在，大家都为了电冰箱、汽车、房子而奔波、追逐、竞争。这是我们这个时代的特征。但是也还有不少人，他们不追求这些物质的东西，他们追求理想和真理，得到了内心的自由和安宁。

——爱因斯坦

（一）

　　在柏林的最初几年中，爱因斯坦开始对犹太人的情况发生兴趣。参加第一次世界大战的每个国家都尝到了苦难，但犹太人却是战争中最悲惨的受害者。许多犹太人居住在波兰及乌克兰，经常受到入侵军队的骚扰。全居住区的犹太人经常被迫集体迁徙或者全部被消灭。古老而著名的犹太文化中心也遭到了破坏。

　　柏林的犹太人分为两派：一派主张犹太人和德国人同化，一派则主张犹太人回到自己祖先居住过的巴勒斯坦，重建犹太国。同时，同化派与复国派内部又有许多小派系，但爱因斯坦对于这种派系之间的争斗从不感兴趣。

　　第一次世界大战虽然十分恐怖，却也给犹太人带来了一线生机，因为犹太复国主义者的主张胜利了。

当时，犹太复国运动在柏林和伦敦的官场中都有坚强的后盾。复国运动的领导人十分精明，他们把态度不明确、有威望的犹太人列入名单，然后一个个登门拜访，进行说服、争取和拉拢。

1919年2月的一天，一个说客来到了爱因斯坦家中，他看出爱因斯坦是坚定地站在受苦的犹太人一边的，因此便极力说服。最终，爱因斯坦表态了：

"我反对民族主义，但我赞同犹太复国运动。一个人，如果有两条手臂，他还总是叫嚷着没有右臂，还要去找一条来，那他就是沙文主义者。作为人类的一员，我反对民族主义；作为一个犹太人，从今天起，我支持犹太复国运动。"

因此，后来犹太复国运动的领袖威兹曼希望爱因斯坦与他一起去美国时，爱因斯坦便爽快地答应了。

1924年，爱因斯坦成为"柏林犹太教全体以色列人大会"缴纳会费的会员。尽管爱因斯坦没有加入犹太复国主义的组织，但他认为犹太复国主义是为个人的尊严而斗争的重要形式。

1930年10月下旬，伦敦的犹太人组织了一次晚会，英国大文豪萧伯纳与威尔斯应邀出席。在晚会上，爱因斯坦作了长篇演讲，题目为《犹太共同体》。在这里，爱因斯坦对犹太人的过去与未来、希望与痛苦、现实与理想等，进行了广泛的论述，这也是爱因斯坦犹太民族感情的一次充分展露。

1948年，犹太民族终于又在巴勒斯坦建立了自己的国家：以色列国。

1952年，为了感谢爱因斯坦对犹太复国运动的支持和对犹太人的帮助，同时还因为他令人敬仰的国际声望，以色列国议会提名爱因斯坦担任第二任以色列国总统。

爱因斯坦回绝了。他很清楚，自己从未有过追逐任何政治利益的想法，他所做的一切，仅仅是出于他的正直之心和对人格平等的倡导。

可以说，爱因斯坦一生都在为犹太人争取和平与自由，同时也为维护德国与其他国家的友谊做出了出色的贡献。

不幸的是，爱因斯坦的这个努力过程充满了艰辛和危险。就在1922年他从国外访问结束返回德国时，一股以铁血青年为代表的黑势力正在迅速地蔓延到全国。

一些民族极端主义分子聚集在阿道夫·希特勒上士周围，从慕尼黑酒吧策划阴谋开始，在全国掀起了排斥打击犹太人的浊浪。

因为犹太人的背叛，德意志才成为战败国！因为犹太人的存在，才使日耳曼人面临饥饿的威胁！这些煽动性的口号，使爱因斯坦不得不重新审视自身所处的环境。

（二）

由于物资匮乏和饥饿，德国社会动荡不安，新成立的共和国政府也软弱无力，致使民心涣散。在这种情况下，以希特勒为首的纳粹党迅速发展壮大。

纳粹党横行肆虐，一到晚上就开始四处游荡，附近也常常发生有人失踪的事，有的尸体几天后会在废墟、水沟里找到，有的就永远消失了。

伊丽莎和女儿们越来越为爱因斯坦的安全担心，可爱因斯坦仍旧每天很有规律地早上出门，沿着菩提大道到皇家科学院物理研究所上班。

执政的社会民主党内阁部长瓦尔特·拉诺德是一位十分精干的犹太人，在一个闷热的下午，拉诺德赶去外交部开会，突然一辆汽车追上来，靠拢他的轿车，三个男人端起枪就向他扫射，接着又投下手榴弹后逃走了。拉诺德当场死亡，轿车也被烧毁。

这桩惨案震惊了全国。

两天后，柏林便到处都是暗杀团的传单，指出下一个目标就是威兹曼博士和爱因斯坦教授。

"天啊！我们究竟得罪了什么人？"伊丽莎害怕极了，天天为爱因斯坦祈祷。

"因为我是犹太人，一个犹太人怎么配为德国人争取国际声誉呢？"爱因斯坦冷冷地说。

由于担心爱因斯坦的安危，在伊丽莎的强烈坚持和朋友们的安排下，1922年，爱因斯坦出国访问去了，目的地是日本。沿途，他们还访问了科伦坡、新加坡和中国等地。

就在爱因斯坦告别香港，准备起身前往上海时，一条电讯刹那间传遍了全球：瑞典学士院和诺贝尔评审委员会宣布，由于阿尔伯特·爱因斯坦教授在光量子学说和理论物理学上的功绩，授予他1921年度诺贝尔物理学奖。

全世界都知道诺贝尔奖的分量，可爱因斯坦却有点不在乎。一直到1923年7月，爱因斯坦才在哥德堡举行的斯堪的那维亚科学会议上，从瑞典国王手中接过证书和奖金。

在访问各个国家过程中，爱因斯坦除了讲学，就是继续他的理论研究，苦苦寻找光子概念中长期存在矛盾的解决方法。

从日本返回欧洲的途中，爱因斯坦夫妇还访问了巴勒斯坦。在耶路撒冷北面的橄榄山上，由爱因斯坦和威兹曼博士共同筹集资金创办的希伯来大学已经建成一半了。这所犹太人的最高学府，寄寓着爱因斯坦为提高犹太民族文化地位的理想和期望。

紧接着，他们又前往西班牙逗留了一段时间。

就在爱因斯坦夫妇刚刚返回柏林时，立刻就收到了纳粹党的警告：

"滚出德国吧，否则你将不能活命！"

生活还是没有摆脱恫吓和恐怖，可此时的爱因斯坦反而更有魄力了，他决定定期举行公开的演讲会，主要演讲相对论，同时也宣扬他的和平主义。

在这个时期，爱因斯坦发现了康普顿效应，光子概念中存在的诸多矛盾得以解决。他第一次推测出量子效应来自过度约束的广义相对论场方程。

不久后，爱因斯坦又在统计涨落分析中获得了一个波和物质结合的独立论证，并发现了波色—爱因斯坦凝聚，还发表关于统一场论的重要论文《引力和电力的统一场论》

由于不断接到恐吓信，警方向爱因斯坦发出了警报，可能有纳粹党徒已经渗入到社会各个阶层，包括政府和警署里。

不久后一天，一件意外的刺杀事件发生在爱因斯坦家中，幸好伊丽莎机灵和警察及时赶到，才没有发生惨剧。在这种情况下，政府和科学院也不得不提出，让爱因斯坦马上离开德国。因为他们知道，爱因斯坦已经不仅仅属于德意志，而是属于全世界。一旦他遭遇不测，那可能就是重大的国际政治问题了。

1925年春，爱因斯坦以访问学者的名义，登上了远赴南美的游轮。

（三）

这次出访过程中，爱因斯坦首先要访问巴西，然后要到阿根廷的布宜诺斯艾利斯大学讲学。期间，他还要与印度的"圣雄"甘地会面。在这段时间里，除了讲学等事务外，他手里正研究的《非欧几里得几何学和物理学》课题论文年底就可以发表了。

第二年开春，他与海森堡教授还有约定，双方要一同研究一下量子运动学的一些问题，并形成一个提纲。

接下来，他要去英国，转道再去苏联。伟大的列宁先生刚刚建立了苏维埃政权，要推举爱因斯坦担任苏联科学院院士。这是应该接受的，因为这表示对新生苏维埃共和国的支持。

国际第五届布鲁塞尔索尔维物理学研讨会接着就要如期举行了，在量子力学解释的问题上，哥本哈根的学者们肯定会激烈反对。这场大论战有益于科学的发展，爱因斯坦觉得自己有必要提前做好准备，初步考虑论文的题目为《牛顿力学及其对理论物理学发展的影响》，论据一定要充分……

此时已经接近50岁的爱因斯坦，由于长期的奔波和劳累，经常感到心脏不适、胸口发闷，并且还患上了风湿痛。

为了能让爱因斯坦的健康状况得以恢复，也为了能让他疲劳的神经得到休息，在医生的建议下，伊丽莎陪同爱因斯坦到瑞士的达沃斯温泉度假。

达沃斯的高海拔气候温暖而干燥，又有富含矿物质的温泉，对结核病、风湿病等有很好的疗效，所以这里有很多的疗养院和医院，前来疗养的人也很多。

来到这里后，爱因斯坦依然每天手不释卷，伊丽莎便强行拉着他出去散步，去呼吸户外清新的空气。

不巧的是，爱因斯坦在这里也能被人认出来。在一群年轻人的要求下，他答应每隔一天给他们讲一次课。疗养院的年轻医生还自告奋勇地为爱因斯坦提供最好的会议厅当教室。

两个月的疗养很快就结束了，爱因斯坦现编的讲义稿《物理学的基本概念及其变化》被学生们整理出来发表，后来被许多大学采用作为教材。

既然爱因斯坦来到了瑞士，瑞士科学院是不会放过这个好机会的。就在爱因斯坦准备下山的时候，他们又邀请他参加一个高级别的科学会议，而且还要在会议上作学术报告。

于是，爱因斯坦在这里与伊丽莎分手，伊丽莎返回柏林，爱因斯坦则被接到苏黎世附近的恩加特山谷，那里也是一个著名的疗养胜地。

可是这次行程却给爱因斯坦带来了一次严重的心脏病，各大报纸都在头版头条发出消息：

"爱因斯坦教授病危！"

当伊丽莎和亲友们焦急地赶到苏黎世医院时，爱因斯坦已经被抢救过来，静静地躺在病床上，身体很虚弱。

在瑞士出了这样的异常，让德国皇家科学院非常紧张。他们马上派出一位精力旺盛的慕尼黑姑娘海伦·杜卡斯坦担任爱因斯坦的私人秘书。

海伦·杜卡斯坦为爱因斯坦的人品和学识所折服，从此一生都追随爱因斯坦。

通过这场大病，爱因斯坦也开始关注起自己的健康状况。回到柏林后，爱因斯坦一边积极治疗，一边推掉一切的邀请和活动，在病床上开始了重量级的课题——《统一场论》的论述。

（四）

1929年，爱因斯坦的50岁生日快要到了，由于他的健康状况不佳，伊丽莎不打算举行公开的庆祝会。不过，由世界各地飞来的卡片和电报却不断地涌入爱因斯坦的公寓。柏林邮政局甚至为爱因斯坦设立了一辆专程邮车，因为各地寄来的信件、电报和形形色色的礼物，每天都要装满几十个邮政帆布袋。

柏林的所有报纸也开始倒计时。这与《统一场论》第一篇论文一起组成了一个新闻热点：

"五十华诞，爱因斯坦教授将出新理论。"

数百名记者每天都守在爱因斯坦家附近，随时捕捉各种新闻。

爱因斯坦的论文在他五十大寿前发表于普鲁士学院的会议报告上，一共只有4页，由一系列一般公众很难弄懂的方程和公式组成。他试图概括在宇宙中占支配作用的两种基本力——引力和电磁力的规律，辨明引力的吸引作用，并将它归于一种电磁现象。

弗朗克说：

"对于内行人来说，这是一项巨大的逻辑和美学上完美无缺的工作。"

3月14日这天一早，爱因斯坦公寓的大门被秘书海伦小姐打开了。早就等候在门口的捧着鲜花和礼物的人们惊奇地发现，教授家里静悄悄的，一个庆祝的人也没有。

而此时，爱因斯坦夫妇正坐在柏林郊区的一栋独门独院的小别墅里。为了躲避庆祝"风暴"，他们在几天前就悄悄地搬到这里了。

在此之前，柏林市政府为了祝贺爱因斯坦的生日，准备要将柏林市郊哈维尔湖畔的一栋别墅赠送给他。然而一向反对爱因斯坦的党派却公开发表声明，称爱因斯坦教授不配接受这么贵重的礼物。结果，爱因斯坦的仰慕者与反对者之间便展开了激烈的争论。

这让爱因斯坦忍不住发起了脾气。他终于明白，虽然柏林许多有影响力的人士都站在他这一边，但他在议会中的敌人一定从一开始就反对赠送他这份礼物。于是，他给柏林市长写了一封信，称人生苦短，他等不到辩论的结果，所以正式发表声明拒绝这份礼物。

为了让自己不再成为任何政治争论的中心，也为了能结束这件不愉快的事，爱因斯坦自己拿出大部分积蓄买下了这块地，并在这里盖了一所简单的小别墅。

爱因斯坦和伊丽莎很喜欢这里宁静的自然美景。伊丽莎告诉一位朋友说：

"我们把大部分的积蓄都花掉了，现在我们没有钱，但有自己的土地和房产，这让我们感到更放心。"

爱因斯坦却不这么有信心，虽然他很少谈及对德国共和国和整个世界的恐惧。这时，世界各国已经签署了《凡尔赛条约》，但一直没能达成真正的和平。如今，法国人和德国人也开始互相攻击了，同时德国城市中的不安全因素也越来越多。在这种情况下，一个人怎么能够企求平安呢？

在那次漫长的旅程中，爱因斯坦一直惦念着这场即将到来的风暴，但他还是对伊丽莎说：

"这一切都像是一场梦！在我们清醒之前，还是先享受目前的一切吧！"

就在爱因斯坦沉浸在田园诗般的生活和对统一场论进行新的构思时，一件不幸的事情又发生了。

1930年，他的幼子爱德华患上了严重的精神病。自从爱因斯坦与米列娃离婚后，两个孩子跟随妈妈一起生活，但经常到柏林看望父亲。小儿子十分聪明，有着惊人的记忆力，爱因斯坦十分喜欢他。

然而，爱德华对父亲的感情几乎是一种病态的狂热崇拜，后来这种情感又转变成更加病态的阵发式的不满、责备和怨恨。

接到爱德华患病的消息后，爱因斯坦马上赶往苏黎世。米列娃告诉他，爱德华患了日益严重的精神抑郁症，精神病专家都无法遏止其大脑功能的迅速衰退。这个结果让爱因斯坦感到很难过。

再次返回柏林后，爱因斯坦仿佛一下子老了许多，好像完全失去了以前那种无拘无束的幽默感，总是显得很悲伤。

　　爱因斯坦的一位朋友给他打电话。在结束时，朋友要求爱因斯坦把她的电话号码记下来，以便以后通话："我的电话号码很长，很难记。"

　　"说吧，我听着。"爱因斯坦并没有拿起笔。

　　"24361。"

　　"这有什么难记的？"爱因斯坦说，"两打与19的平方，我记住了。"

第十五章　受迫害的日子

　　在天才和勤奋之间，我毫不迟疑地选择勤奋。她几乎是世界上一切成就的催生婆。

——爱因斯坦

（一）

　　1930年，爱因斯坦接受邀请，前往美国加州的巴萨迪那技术学院住几个月。他之所以乐于接受这一邀请，是因为美国科学界的很多精英人物，如迈克尔逊等人，都集中在那里。去那里，他可以与同行们一起探讨问题。另外，那里正在设法用实验证明他的统一场论。

　　然而一到纽约港，一切安排都改变了，接连不断的谈话、接见、参观访问……好客的美国人再一次对他表现出巨大的兴趣和高度的热情，即使一向思维敏捷的伊丽莎也无法帮助爱因斯坦摆脱这些人。

　　"请您用一句话说明一下什么是相对论。"

　　"您这次为什么没有随身带来小提琴？"

　　"您认为宗教能够促进和平吗？"

　　"人类的未来会怎样？"

……

问题铺天盖地，似乎爱因斯坦就是无所不知的全能上帝。

对于爱因斯坦来说，这个"假期"简直是最为累人的一次。在巴萨迪那，爱因斯坦讲授了一系列的课程，参加了一些科学聚会、座谈和私人的交谈。不用说，还有很多隆重的接待，出于礼貌，爱因斯坦不得不应酬。

1931年，爱因斯坦夫妇回到德国。秋天，他们又一次访问了美国加州技术学院，并在那里度过整整一个冬天，第二年春天才返回德国。

当爱因斯坦1932年回到柏林后，获悉的最新选举消息让他大吃一惊。德意志共和国的新总统是年老的兴登堡元帅。一些群众因为他在一战期间取得的胜利而崇拜他，但崇尚民主政治的德国人却深感不安，因为兴登堡总统与他的同党都痛恨共和制。他们担心这位老总统会不会继续加强戒备，夺走人民的自由。

1932年秋，爱因斯坦遵守诺言，第三次前往巴萨迪那过冬。这一次出行，他的预感很不好，好像再也回不到柏林了一样。爱因斯坦的表现让伊丽莎感到不解。

然而当年年底，伊丽莎终于明白了，爱因斯坦的忧虑并非毫无根据。1933年，有消息传到美国，兴登堡总统已经任命希特勒为德国总理。德国的形势更加严峻，排犹势力也更加嚣张。

在希特勒眼里，爱因斯坦已经犯下了不可原谅的罪行：著名的和平主义者、国际主义者，还是一位犹太人。因此，对于这个曾经为祖国带来无比荣耀的伟大科学家来说，德国已经没有他的容身之地了。

希特勒在其著作《我的奋斗》中，对德国的犹太人一再做最严厉的指责。他宣称，在和平主义者及共产党的协助下，犹太人使德国在战争中失败。虽然犹太人在德国的总人口不到十分之一，但希特勒却指责他们控制了所有的工商企业，造成德国人的失业与痛苦。他还宣称，不管这些犹太人或他们的祖先在德国已经居住了多久，他们仍然不能被视为德国公民。

在这期间，爱因斯坦在国际联盟的活动也更加激起了欧洲反动派对他的敌视。不仅欧洲，美国也有人起来反对他。在他第三次前往巴萨迪那时，就遇到了一系列的麻烦。

不过，爱因斯坦从未放弃自己的信仰和对自由、平等的呼吁。在离开加州之前，爱因斯坦在接受《纽约世界电讯报》的采访时说：

> 只要我能选择，我就会只生活在这样的国家——在那里，普遍遵循的准则是公民自由、宽容和法律面前人人平等。公民自由就是人们有用语言和文字表达个人政治信念的自由，宽容就是尊重他人的任何信仰。这些条件目前在德国是不存在的。那些对于国际谅解有杰出贡献的人——其中有一些是第一流的艺术家——正在德国受到迫害。

> 一个人精神受到压抑，就会得精神病；同样，一个社会组织面临严重的难题也会害病……我希望不久之后，德国将恢复到一种比较健康的气氛中；我也希望，像康德和歌德那样伟大的德国人，不仅常常被人怀念，还应在公共生活中，在人民的心中，以及通过他们矢忠的伟大原则的实际遵守，永远受到人民的尊敬。

不久之后，爱因斯坦就离开了加利福尼亚到了纽约的总领事馆。他听说希特勒已经开始逐步实施他之前在书中所提到的种种疯狂计划，于是前往纽约会晤德国领事。

德国领事很尽责地将现政府打算公平对待每一位公民的纳粹谎言又

重复了一遍，然后说：

"如果您没有犯错，您在柏林将如您在世界上任何其他地方一样。"

"我不同意你的看法，"爱因斯坦礼貌地说，"我只愿意留在一个政治自由，而且在法律上对所有人民一视同仁的国家中。但是，目前德国并没有这种情况存在。"

随后，领事馆的一位官员紧随爱因斯坦走出了领事的办公室。他紧张地回头望了一眼，然后低声说：

"领事先生这样说只是为了尽到他的责任，但我愿意冒险地向您坦白说一声，您不回德国是很聪明的决定。"

爱因斯坦对他的警告深表感激。难道他的祖国情况真的如此糟糕，任何崇尚自由的人都无法安全地待在国内吗？

（二）

1933年春，爱因斯坦夫妇离开美国，前往比利时。他们在比利时海边的避暑胜地科克奎找到了一栋比较舒适的住宅住了下来。

比利时国王颇有学者气质，也一直都是爱因斯坦的崇拜者，经常邀请爱因斯坦到王宫做客。伊丽莎白王后则是一位很有成就的音乐家，并且还是一位技艺颇高的雕刻家。有一次，她将一件刚刚完成的作品拿给爱因斯坦看。爱因斯坦认真地告诉她：

"您真的不愧是一位王后。"

王后听了，十分高兴。

如果不是每天都有恐怖消息从纳粹德国传来，爱因斯坦在比利时的生活可以说相当快乐。

　　纳粹要普鲁士学会开除爱因斯坦教授，结果遭到了普朗克会长、能斯特博士和许多老科学家的反对。为此，德高望重的普朗克教授受到了不可一世的希特勒的狠狠训斥。

　　爱因斯坦很清楚，纳粹是一批人面兽心的家伙，为了不让朋友们因为他而遭受不测，他主动写了一封辞职书寄给普鲁士学会。同时他也觉得，在目前的情况下，他无法为德国提供任何服务。

　　普鲁士学院中也出现了许多懦夫，为了表示对纳粹希特勒政府的忠诚，最终学院发表了一份特别声明，断绝与这位20多年来为学院带来无上荣耀的科学家的一切关系。

　　起初，爱因斯坦的朋友以为，纳粹这场暴风雨很快就会过去，教授很快就可以安全地回到祖国。但很快，这些乐观人士也不得不承认，德国已经变成了一个疯人院。在这所疯人院里，除了管理员之外，任何人都没有安全感。

　　当年爱因斯坦因为对德意志共和国的忠诚而恢复了德国公民权，这是他的一项错误。如果他继续保持瑞士公民权，以外国人的身份，或许还能够保住他在德国的那些被纳粹政府没收的财产。因为伊丽莎的女儿写信告诉他们，爱因斯坦公寓里的藏书——包括他的相对论在内，连同其他书籍，都被当众焚毁了。而他们位于郊外的小别墅也被没收了。

　　"我们不会为了被抢去的房子及存款而忧虑，"伊丽莎勇敢地说，"我们应该感谢上帝，让我们的女儿和她们的丈夫都安全地逃出德国，比利时政府也将会尽力保护我们的。"

　　不过，不断传来的坏消息还是让伊丽莎很不安。据传，此时德国纳粹已经悬赏2万马克要爱因斯坦的脑袋。

　　爱因斯坦听到这个消息后，不仅不当回事，还摸着自己的头，笑着说：

"我还不知道我的这颗脑袋这么值钱呢！"

伊丽莎可笑不出来。她知道，纳粹德国的秘密特工人员在欧洲的每个国家都很活跃，而且比利时距离柏林太近了，纳粹分子可是什么都干得出来！

爱因斯坦的老朋友法兰克教授得到这个消息后，急忙赶到比利时。凭着一路打听，他才找到爱因斯坦的住所。

法兰克苦口婆心地劝说爱因斯坦，让他暂时离开比利时。爱因斯坦最终答应了，但却坚决不肯化装走，因为有伤自尊。他说：

"要是我倒下了，也一定要让人们一看就知道：啊，这是好心的爱因斯坦先生啊！"

离开比利时，有两个可以选择的去向：一个是去法兰西学院任教，这是爱因斯坦很愿意选择的，但最终因法国政府怕激怒德国而未能办成；另一个就是应普雷斯顿高等研究所之邀，到美国工作。爱因斯坦最后只能选择后者。

1933年10月，爱因斯坦夫妇乘坐一条租来的偷渡船，趁着夜色横渡多弗海峡，一踏入英国境内就坐上了前往伦敦的火车。

在伦敦逗留几天后，在英国特工人员的护卫之下，爱因斯坦夫妇登上了前往美国的远洋轮。一周后，爱因斯坦到达美国，在普雷斯顿安顿下来。

（三）

普林斯顿是个远离闹市的安静小城镇，整个城镇宛如一个到处长满各种神奇树木的巨大公园。尤其是深秋时节，林木经霜变红或变黄，五彩纷呈，显得十分美丽。所有建筑几乎都是哥特式的，教堂的钟声时时在空中回响，让人感到这里仿佛是牛津。

爱因斯坦受聘于普林斯顿高级学术研究院，这也是美国最进步的一所学校。弗兰克斯纳博士创设这所学校的目的，是为了让那些已获得博士学位的年轻学者能在自己学术专长范围内继续进行研究。

在这所高级学术研究院内，爱因斯坦教授享受到最大的自由。他不必定期上课，从而将大部分的时间用在自己的学术研究方面。爱因斯坦虽然喜欢这样的环境，但又感到有些不安，甚至是难为情。在他看来，不必承担教学任务，凭内心要求做研究工作而拿钱是不行的，因此他总想做些与基本研究活动无关的事情来作为生活费用的来源。

此时，德国纳粹在"大炮代替黄油"的口号下，积极扩军备战，人民生活日益艰难。德国难民营中的犹太人越来越多。

爱因斯坦吩咐秘书海伦小姐，每月从他的工资中抽出一部分寄给他的德国朋友和普鲁士科学院的同事。而对于稿费和演讲费用收入，他也事先说好了，全部直接转到难民组织中去。

为了能多筹集一些钱帮助犹太难民，爱因斯坦在朋友的帮助下，在纽约首次举办了个人小提琴音乐会。尽管票价不低，但人们还是慕名而来，以能够一睹名人的演奏风采而自得。演奏会的收入，爱因斯坦全部交给了希伯来大学校友会的人，用于帮助巴勒斯坦和波兰的犹太人。

伊丽莎也很理解丈夫，为了能更清楚地掌握犹太人和难民在世界各地的生存情况，她还组织了"巴勒斯坦妇女同盟会"，协助爱因斯坦的工作。

不幸的事情又发生了。1934年5月，伊丽莎不得不回欧洲一趟，因为她的大女儿得了重病，正在巴黎住院。但她回去得太晚了，因为女儿在这之前一直向母亲隐瞒病情。伊丽莎刚到巴黎不久，女儿就去世了。

伊丽莎十分悲痛，然后带着大女儿的骨灰回到普林斯顿。幸好另一个女儿玛亚特也搬到普林斯顿与他们一起居住，才让伊丽莎感到稍许慰藉。

这年的冬天，伊丽莎病倒了，而且病得很严重。爱因斯坦忧心如焚，整天不离妻子的床边。对此，伊丽莎在给友人的信中说：

"他曾经被我的病情搞得心烦意乱，失魂落魄，我从没想到他会如此深爱我，这让我感到安慰。"

1935年夏，爱因斯坦夫妇搬到了萨兰纳可湖畔的一幢美丽的别墅中。在这空气清新的加拿大湖畔的森林中，伊丽莎的身体又有所恢复，爱因斯坦便又返回研究院继续工作。

后来，伊丽莎的病情急转直下，不可避免的不幸终于发生了。1936年12月20日，伊丽莎撒下爱因斯坦撒手而去。

没有了妻子的陪伴，爱因斯坦感到周围一片凄凉。此后，他也流露出更多的孤独和忧伤。

伊丽莎去世后，爱因斯坦便用拼命工作来打发寂寞的时间。只要生命的火花还在他身上燃放，就没有一种力量会将他从追求统一场论的战场上拉开。那些极其抽象的思维和理论，对于爱因斯坦来说就像新鲜的空气一样，是须臾不可缺少的。

第十六章　原子弹风波

　　用一个大圆圈代表我学到的知识，但圆圈之外是那么多的空白，对我来说就意味着无知。而且圆圈越大，它的圆周就越长，它与外界空白的接触面也就越大。由此可见，我感到不懂的地方还大得很呢。

——爱因斯坦

（一）

　　1939年9月，希特勒挑起了第二次世界大战，使无数平民死于战火。希特勒宣扬极端的复仇主义和种族主义，实行法西斯专政，对犹太人进行残酷的迫害。第二次世界大战期间，德国法西斯残杀的犹太人多达600余万。

　　战火就像草原上的大火一样，迅速燃烧到整个欧洲，但此时爱因斯坦在普雷斯顿家中的生活还算平静。海伦小姐将爱因斯坦夫人的责任承担起来，每天照顾爱因斯坦的生活起居，对于一些不速之客同样予以阻挡。

　　这年，玛雅来到普雷斯顿看望她的哥哥。另外，爱因斯坦的儿子汉斯夫妇和他们的两个孩子：伯纳德和小艾弗林也一起来到普林斯顿爱因斯坦的家中。汉斯当时正在加州大学工程系担任教授。

在1933年，爱因斯坦到美国是以观光客的身份入境的。后来，他急于想成为美国公民，但根据移民法的规定，他必须先在某处外国土地上向美国领事提出申请。因此，爱因斯坦就前往英国的百慕大，在那里向美国领事申请。但从百慕大回到美国之后，他还需要等上5年才能拿到美国国籍。

1940年，在爱因斯坦的生命中是具有决定性的一年，对他的女秘书海伦及继女而言也是一样，他们都顺利地通过了考试，正式成为美国公民。

对爱因斯坦来说，他绝不会再盲目地信仰他的国家——不论他的国家是对还是错。身为欧洲人，他比许多土生土长的美国人更清楚地看出侵略国的阴影正缓慢但却肯定地笼罩在他们所选定的猎物上。这也令爱因斯坦的恐惧感与日俱增，因为他亲眼目睹了日本在中国东北的侵略暴行；意大利占领了无助的阿比西尼亚；法西斯主义者和纳粹干预西班牙；德国占领了捷克……

同时，爱因斯坦也感到不解：为什么美国及欧洲其他民主国家对这些动乱都袖手旁观？

有一次，他问一位美国高级外交官，为什么美国不以商业抵制的方式阻止日本对中国的侵略？

"因为日本对我们的商业利益太重要了，"外交官说，"我们的许多位大商人都坚持出售石油和废铁给日本。"

爱因斯坦无法想象，一个爱好自由的国家竟然会将战略物资出售给侵略者，这让他很惊讶。

同时还有人提醒他，抵制某个国家及拒绝购买它的货物，其实就等于是不宣而战。爱因斯坦已经不再像以前那样，积极宣扬他的和平主义了，但他仍然相信，战争是人类的最大祸害。他也知道，现在再不抵抗，就太迟了。

当爱因斯坦读到从挪威到苏联的一些非战斗人员遭到屠杀的新闻时，当他想到欧洲那些优秀的领袖们正在集中营中受难时，他开始相信，暴力一定要用暴力来对付，否则，一切善良的人类就会从地球上消失。

一群比利时年轻人曾问爱因斯坦，如果比利时参加战争，他们是否应该拒绝参战？这位曾经的"反战"领袖却断然宣传，他们应该为祖国的自由和和平而战。

（二）

在1905年时，爱因斯坦就曾表示，能量可以转化为质量，而质量也可以转化为能量。就在他发表这一声明的33年之后，这项理论成为铀制造的基础，并导致原子弹的发明。

其实早在1921年爱因斯坦在布拉格讲学时，就曾接见过一个非见他不可的年轻人。这位不知名的年轻人对爱因斯坦说：

"教授先生，您提出了一个伟大的公式：$E=mc^2$，希望可以发明一种巧妙的机器，能把物质中那亿万个原子所蕴藏的能量统统释放出来，到那时候……"

"年轻人，不要激动，现在还不到谈这件事的时候……"爱因斯坦打断了他的话。

因为在当时，物理学还没有发展到这个地步，即将$E=mc^2$应用到实际当中。大多数物理学家都认为，将原子中蕴藏的能量释放出来，那也许是一百年以后的事情了。有人甚至说，那永远都不可能实现。

时间发展到1938年，在德国的威廉研究所里，奥托·哈恩博士和莉兹·迈特纳博士正共同从事着有关铀的研究。他们正在做一种实验，想用中子来冲击原子，造出比铀更强大的放射性元素。

当实验进行到最重要的阶段时，迈特纳获悉她已经被纳粹党徒列为迫害对象，于是逃到了瑞典，并将已完成的原子分裂理论发表出来。

这篇发表的文章题为《论铀在中子轰击下形成的碱土金属的认定及其行为》。在文章中，迈特纳公布了一个奇特的结果：被中子轰击过的铀中出现了镭。铀是门捷列夫元素周期表中的第92号元素，而镭是第88号元素。这是怎么回事？

其实当实验出现这样的结果时，哈恩也不能解释；而迈特纳则多多少少地认识到，这是中子轰击铀原子核将其分裂成为两个放射性裂变，同时释放出了巨大的能量。她意识到了这一实验无比巨大的意义及其问题的紧迫性。迈特纳毫不怀疑，这一实验或早或迟必然会将人类送到地狱中去，因为她亲眼看到那个优秀的德意志民族正在加紧建立统治世界的毁灭性机器。

于是，当迈特纳一到瑞典，就立刻将她在实验中所发现的全部细节写成报告，并发表在瑞典的一本科学杂志上。同时，她又给她的外甥——在哥本哈根的杰出原子物理学家玻尔手下工作的弗里斯博士拍了一份电报，将这一重要发现告诉他。

弗里斯意识到这一消息的极端重要性，于是在柏林重新做了一次实验，结果完全一样。他将这种现象称为"核裂变"。随后，他将这一消息拍电报告诉了美国的费米教授。

费米在哥伦比亚大学也做了这一实验，结果与哈恩的实验结果完全一样。

面对实验结果，费米教授惊呆了。铀的链式反应就是炸弹！它的威力，比普通的炸弹不知道要高出多少倍。可能在一瞬间，千千万万的生命就会被炸成灰烬。而如果让希特勒和墨索里尼拿到这样的炸弹……

费米教授不敢想下去。

这一天，正当爱因斯坦拿着迈特纳发表文章的那本杂志浮想联翩时，玻尔找到了爱因斯坦。他昨天才赶到纽约，今天一大早便搭长途汽车来到普鲁斯特拜访爱因斯坦。

然后，玻尔激动地向爱因斯坦讲述了弗里斯博士告诉他的消息以及迈特纳博士对这件事的正确解释。

爱因斯坦听着玻尔激动的叙述，陷入了沉思：难道那根本不可能发生的事就要变成现实了？他想到了那个在布拉格遇到的年轻人。

1939年1月26日，费米在华盛顿理论物理学家会议上，当着爱因斯坦和玻尔的面说出了这样一个想法：假如在击碎的原子核内部除了分裂出两个半个之外，还飞出一些中子来，结果会怎样？

其实费米的推测已经晚了，在1月20日时，约里奥·居里夫妇已经发现在原子核裂变时伴随着中子的存在。

30日，这份报告在巴黎科学院的《报告》上发表了。后来得知，在哥伦比亚大学工作的匈牙利移民、爱因斯坦以前的学生里奥·希拉德在实验室也同样发现了这一点。并且他还发现，每次核分裂飞出去的中子还不止两个。就算放出三个中子，那么这三个中子再引起铀核裂变，靠这种链式反应就可以使铀的裂变一直进行下去，使存在的铀核全部进入裂变过程。这样在一刹那，亿万卡的热量就将冲腾出来，凶狠无比……

这一消息很快就传播开来，并在国内外引起巨大的反响，同时也让希特勒终于认识到了它的重要性。于是，他动员200多名德国科学家继续进行哈恩的实验。

幸运的是，德国纳粹最终也没有能力制造原子弹，这也是人类的幸运。后来，德国在苏联的前线战败，希特勒和他的将领觉得他们再也不能将庞大的财力和人力投入到哈恩和迈特纳所创立的研究工作上了，因为他们急于制造战争所需的武器，根本没有时间充分协助德国科学家们研究这项新的、可怕的力量。

（三）

为了能够在希特勒之前研制出原子弹，费米等人准备将这件事报告给美国政府，希望美国政府能够有所行动，比如建立实验室，召集科学家对这一现象进行集中研究，甚至可以早于德国制造出原子弹。

但是，如果将这件事向陆军或政府官员提出，那将是一种不聪明的做法，因为这些官员很可能会斥责他们是不切实际的大学教授。

于是，费米与另外两名物理学家在1939年8月的一个早晨一起离前往普雷斯顿拜访爱因斯坦，希望劝说爱因斯坦向美国总统罗斯福直接写信报告。

"我写信给罗斯福总统有用吗？我们并未谋面。"爱因斯坦有些迟疑。

"整个美国的每一个人都认识并尊重您，总统当然也知道您的成就，听说他对您还很仰慕。如果您肯写信，必然会立刻受到重视，不管总统有多忙！"费米说。

事情看来已经发展到了紧要的关头，如果德国人有足够的时间，必然会研制出原子弹，从而使纳粹所向无敌。到那个时候，所有人类都将生活在希特勒的残酷统治之下，那岂不是太残忍了？

想到这里，这位满头白发的科学家俯身在书桌上，拿起他的笔，开始写下他一生当中最重要的一封信：

总统阁下：

我从费米和希拉德的手稿中获悉了德国最近的工作，使我预感到不久的将来铀元素会变成一种重要的新能源，这一情况的某些方面似乎要加以密切注意。如有必要，政府方面应立即采取行动。因此，我相信我有责任请您注意下列的事实和建议。

最近4个月来，通过约里奥在法国的工作以及费米和希拉德在美国的工作，已经有几分把握知道，在大量的铀中建立起原子能的链式反应会成为可能，由此会产生出巨大的能量和大量像钡一样的元素。现在看来，几乎可以肯定，这件事在不久的将来会成为现实。

这种新的现象也可以用来制造炸弹，并且能够想象——尽管还不确定——由此可以制造出极有威力的新型炸弹来。只要一个这种类型的炸弹用船运出去，并使之在港口爆炸，很可能会将整个港口连同它周围的一部分地区一起毁灭。但要在空中运送这种炸弹，很可能会太重。

……本人获悉，德国政府已经禁止从其所吞并的捷克运出铀了。德国政府何以采取这样迅速的行动，可以从下面这一事实中获得了解：德国外交部副部长的儿子冯·维茨泽克已被派往柏林威廉皇家实验室研究所工作，他目前就在该研究所内从事着关于铀的研究。

您的诚实的阿尔伯特·爱因斯坦

信件写好后，该如何将这封绝密的信件交给总统本人，而不至于遭到延误呢？后来，他们找到了一位送信的使者——纽约市的亚历山大·萨克斯，他与总统身边的官员有接触。

即便如此，爱因斯坦的信件仍然经过两个月后才到达罗斯福总统的手中。

经过一番思考后，罗斯福总统最终采纳了爱因斯坦的建议，动员全美国的学者，并由政府提供大量的资金和物质，让他们从事有关原子弹的研究。这就是历史上著名的"曼哈顿计划"。

（四）

1942年12月2日，费米教授终于成功地做成了铀的连锁反应。紧接着，原子弹的研究和制造工作便开始紧张地进行起来。美国政府在奥克利治设立了一个秘密的大工厂，员工多达7万余人，使奥克利治成为一个人口达十数万的城市；又在汉福特设立了一个铀的分离工厂，在洛斯阿莫斯设立了一个炸弹制造厂。

1945年夏天，爱因斯坦像往年一样，在纽约州萨兰纳克湖畔的别墅里度假。8月6日上午，爱因斯坦到茶楼吃茶点，秘书海伦在楼下等他，脸色阴沉。

爱因斯坦没有注意这些，吃完后就叼着他的大烟斗朝自己的沙发走过去。

海伦看了爱因斯坦一眼，低声说：

"今天早晨，一架B29轰炸机在日本的广岛投下了一颗原子弹。这是无线电刚刚播放的。"

"Oweh！"爱因斯坦喊了一声。

那是德语"真糟糕！"爱因斯坦一着急，随口就说了句德语出来。

爱因斯坦愣愣地站在原地，双脚好像钉在了地上一样。海伦走过来，扶他到沙发上坐下。

爱因斯坦坐在那里，就像一尊石像一般，一动不动。在他思想的大海中，风暴来临了。

两天后，日本长崎又遭到第二颗原子弹的轰炸。

据战后资料显示，费米等人当初对希特勒研制原子弹的担忧是没有根据的。在战争期间，妄图以"闪电战"和常规武器夺得"最后胜利"的希特勒在急需"神奇武器"时，他们的财力已经枯竭了。正如海森堡在报告中写到的那样：

> 1942年夏天，德国主管部门决定不再研制原子武器。这一决定使参加原子能研究的物理学家们免于承担道义上的重大责任。否则，一声令下，就会迫使他们制造原子弹。

就这样，德国的原子弹研制实验并没有像美国想象的那样进行。

"假如在那个时候，1939年，我知道德国人还不能制造原子弹，我是不会向罗斯福总统提这个建议的。"

爱因斯坦后来对一位来访的原子物理学家说。他似乎感到，这笼罩在世界人民心头的阴影，广岛和长崎的灾难，他也是有责任的。

由于爱因斯坦的质能关系式$E=mc^2$奠定了原子弹理论的物理基础，而他给罗斯福总统的信又使美国的原子弹研制工作得以启动，因而人们开始将爱因斯坦称为"原子弹之父"。

1930年，德国出版了一本批判相对论的书，书名为《100位教授出面证明爱因斯坦错了》。爱因斯坦闻讯后，耸耸肩，说："100位？干吗要这么多人？只要能证明我是错的，一个人出面就足够了。"

第十七章　孤独的晚年

　　我每天上百次地提醒自己：我的精神生活和物质生活都依靠着别人（包括生者和死者）的劳动，我必须尽力以同样的分量来报偿我所领受了的和至今还在领受着的东西。我强烈地向往着俭朴生活，并且时常为发觉自己占有了同胞的过多劳动而难以忍受。

——爱因斯坦

（一）

　　随着原子弹的爆炸，日本宣布无条件投降，第二次世界大战结束了。

　　整个世界都目睹了科学用于军事所造成的悲剧，有人对此感到兴奋，因为战争毕竟结束了。然而爱因斯坦却陷入了深深的痛苦之中。他清醒地意识到，假如原子弹落入"孩童"之手，那后果将不堪设想。

　　1945年12月10日，在为纪念诺贝尔而举办的宴会上，爱因斯坦发表了著名的讲话：《战争已经结束，但和平还没有来临》。

　　在讲话中，爱因斯坦提出了一个发人深省的口号：将原子弹的秘密交给一个世界政府保管，以便永远结束国家之间的可怕纷争。

同时，爱因斯坦还极力倡导将原子能进行和平利用，造福于人类。

战争结束之后，德国的许多老朋友都希望爱因斯坦能回到德国，但爱因斯坦谢绝了邀请。他说：

"我不能原谅德国人，幼年时我受其专制式教育的摧残，成年后回到柏林又遭到许多攻击，希特勒上台后我还遭到迫害。这些都能原谅。而让我不能原谅的是，他们杀害了几百万犹太人。这种灭绝人性的残忍行为，我永远不能原谅。"

爱因斯坦的出生地——德国乌尔姆城希望能够以爱因斯坦的名字命名一条街道，也遭到了他的拒绝。

这一年，66岁的爱因斯坦教授也退休了。可是第二天，他照样还是准时出门上班。对他来说，退休并不意味着放弃学术活动，一个公务员可以退休，但一个有心智的人是永远不会退休的。

的确，爱因斯坦对科学奥秘的探索，为人类和平和社会正义的努力一直都没有停止。

1951年1月6日，爱因斯坦再给比利时王后伊丽莎白写信时说：

我不拉小提琴了，这些年来，听我自己演奏，越听越难受，希望你没有遭到类似的命运。留给我的事情是：毫不怜惜自己，研究困难的科学问题。那个工作迷人的魔力，将持续到我呼吸停止。

是的，这位年逾古稀的老人还在坚持着他的阵地——研究他的统一场论——这是他奋斗了近40年的课题。尽管他也意识到，在他有生之年可能难以有什么突破了。

但是，爱因斯坦的生命仿佛就是为了进行各种科学研究，发现宇宙中的真理。他的整个后半生都在研究统一场论，这也是他的生活乐趣所在，甚至可以说是他生活的本身，也表现了他对自己信念和理想的无比执著。

对此，许多人都表示不理解，甚至将爱因斯坦描绘成一个僵化的保守派，是个死守着自己陈腐观念不放的人。还是他的老朋友、杰出物理学家劳厄说得对，他指出，爱因斯坦所表现的不是"固执"，而是"异乎寻常的勇气，结合着深入自然最本质特点的人才的洞察力"，"他怀有那种勇气，继续为建立量子力学而进行的尚未定局的斗争"。

20世纪50年代初期，物理学界在爱因斯坦所研究的统一场论的道路上，出现了决定性的突破，这让爱因斯坦大受鼓舞。

在美国、法国、联邦德国、苏联、日本和匈牙利等国家，都有一些物理学家坚信爱因斯坦的研究方向是正确的。因此，他们也都沿着爱因斯坦的研究道路奋力地向统一场论冲击。其中，年轻的巴黎物理学家维瑞尔以爱因斯坦—格罗梅尔—英菲尔德型为基础，在广义相对论和原子理论之间，在场的各种理论与粒子的各种理论之间架起一座桥梁。

1952—1958年，维瑞尔在磁场与引力场之外又引入了第三个场，物质连续性的第三种性质形式，即"场"，这也是德布罗意原子波的基础层。这样一来，这些波在维瑞尔的方程中就具有了实在的物质性质，波与粒子之间的统一也具体实现了。

爱因斯坦在得知这一突破时，给德布罗意写了一封长信，表示他与巴黎学派采取的是同样的立场。他将他的那封信称为"遗书"，他写道：

"请转告维瑞尔，他走的是正确的道路。"

"请您对他和别的法国同志们说，我建议他们朝着他们所选取的方向继续工作下去。"

1958年春天，德国著名物理学家海森堡所做的一些研究成果，虽

145

然仍旧停留在统计方法的框子中，但在内容上其实已经非常接近电磁场、原子核和引力场的统一理论了。可惜的是，爱因斯坦未能亲眼看到这一结果。

（二）

爱因斯坦生来就喜爱孤独。年幼的时候，其他孩子在院子里玩耍，他却很少参加游戏；中学时，他是个受漠视的孤僻的人。他经常说，自己是生活在寂寞之中的，是个孤独的人，并且他也时常流露出自己孤独的感受：

"就我个人来说，总是倾向于孤独，这种性格通常随着年龄的增长而越发突出。奇怪的是，我是如此闻名，却又如此孤寂。事实上，我享有的这种声望迫使我采取守势，因而也令我与世隔绝。"

从20世纪40年代末，爱因斯坦的信中便越来越多地流露出对生活厌倦的评论。随着这些评论，他还越来越多地发出一种与自己生命辞别的忧伤的情绪。这种平静的忧伤，就好像一个人有时在寂寞的时候感受到的那种情绪。

1949年底，爱因斯坦在回复老朋友索洛文给他的七十大寿的贺信时，写下这样一句话：

"……现在的人认为我是一个邪教徒，同时又是一个反动分子，真是活得太长了！"

他的这种情绪一方面是由于他不断呼吁和平，而看到的却是大国之间不顾人民死活所搞的剧烈的军备竞赛；另一方面则是由于他面对自己所期待的科学上的东西，和他在科学上所能做到的事情之间的悲剧性脱节。尤其是在统一场论的研究上，他深刻地感受到自己做的事尚不能令人满意，前面的路还很长，而自己却已深感力不从心。

在爱因斯坦的独特意识当中，非常清晰地表现出了伊壁鸠鲁式的乐观主义态度。

早在2000多年前，伊壁鸠鲁就为反对怕死而提出了有力的论证：

"当我们存在时，没有死亡；当有死亡时，我们已不存在。"

当他自己快要死时，他坐在热澡盆中，要喝浓郁的醇酒，并在临终的信中将死去的一天称为自己最幸福的一天，因为他的脑海中充满了关于哲学推论的回忆。

爱因斯坦对待死亡的观点很接近伊壁鸠鲁，但他也不排除对将要失去的生命的忧伤。这也是爱因斯坦独特的生命意识，对本人的生命相对无所谓，而对已经死去和将要离去的亲人的强烈的、虽说是平静的，忧伤。这些亲近的人一个接一个地离开爱因斯坦：伊丽莎、居里夫人、格罗斯曼……

每每想到这些人，爱因斯坦就会产生一种对亲人的深切怀念和十分强烈的忧伤。

有一次，爱因斯坦在同英菲尔德谈话时说：

"生命——这是一出激动人心的和辉煌壮观的戏剧。我喜欢生命，但如果我知道过三个小时我就死了，这也不会对我产生多大的影响。我只会想，怎样才能更好地用剩下的三个小时？然后，我就会收拾自己的纸张，静静地躺下，死去。"

在普林斯顿，爱因斯坦似乎愿意用全部的时间来保障对统一场论问题的"孤独思考"，然而他的思考却常常被人们打断。许多人都期待爱因斯坦的忠告、帮助、演说。在多数情况下，他们既得到了忠告，又得到了帮助，还听到了演说，这就使情况变得复杂起来。因为一个向往孤独的科学家不断地同大多数人打交道，这在全世界科学家中都是很少见的。这种局面不仅同科学家的外部环境有关，还同他的世界观的内在基础是联系在一起的。

有一次，爱因斯坦在伦敦演讲，当时那里正在讨论德国移民科学家的命运。爱因斯坦建议说，看灯塔的职位是最适合科学家的，因为孤单一人在灯塔上面有助于研究。这也表达了他早年的梦想。

（三）

在爱因斯坦去世的前两周，科恩访问了他。科恩后来写道：

> 他的脸呈现出阴沉和悲伤，布满了深深的皱纹，但一双炯炯有神的眼睛却消除了衰老的印象。特别是爱因斯坦在笑的时候，眼睛里噙满了泪水，这时他就用手背拭去眼泪。

科恩与爱因斯坦谈话的内容是关于科学史的，但也涉及一些哲学问题。爱因斯坦讲道，他的立场与马赫的立场之间是根本对立的，他还比较详细地叙述了他在维也纳与马赫的会晤以及他们之间发生的关于分子和原子存在的争论，并且还提到后来的一代物理学家的哲学爱好。

在谈话中，爱因斯坦还和科恩谈了促进科学发展的动力问题。他认为，恰恰不是解答，而是问题、冲突、争论和矛盾将科学史变成了思想戏剧的东西。

爱因斯坦认为，某些基本问题可能会永远纠缠我们，一些似乎解决了的问题在新的历史条件下又会从新的角度重新提出来，问题的这种保留和再现——尽管在这个时代有了解答——证明解答有近似的、暂时的、相对的性质。它为世界带来了正面的、历史不变的内容，却不取消问题，而是令它更加深化，更加现代化，使它再现于科学之中。

因此，要想判断科学思想的运动，不仅需要知道它已经达到的观点程度，对它面临的问题进行何种解释，还要知道它的速度、它的梯度是怎样的。而这些，不仅与答案有关，与新的问题与老的问题的变化与深化、与传给未来并继续存活的一切事物有关，因为科学已经获得的答案、观点将会过时。科学的这种发展，不仅是外在因素作用下的运动，在很大程度上是由于内因，由于内部的冲突所致。

爱因斯坦说，牛顿是17世纪的思想家，正确的说属于17世纪，也属于以后的两个世纪；而未解决的问题、17世纪的矛盾和问题，也属于未来的世纪。它们令爱因斯坦产生了一种不朽的思想。

爱因斯坦称，我们的知识都是相对的真理，所有这些知识，都是达到完全知识的一个阶段。因此，爱因斯坦虽然在许多方面都对牛顿的力学进行了推导，但他却并没有完全抛弃它，而是在物理知识结构中给它一个应有的位置。

爱因斯坦强调说：

"我们关于自然现象观念的全部发展……可以看做是牛顿思想的一种有机的继续。"

爱因斯坦在美国普林斯顿大学任教时，曾在暑假前的学期结束会上发表过一个简短而风趣的演说。当时，学生们都问爱因斯坦在学术上有无新发现，他不得不即席宣布："我有一个发现：两点之间的最短距离，是指暑假的开端到暑假的结束。祝诸位暑假愉快！"

第十八章　巨星陨落

只要你有一件合理的事去做，你的生活就会显得特别美好。

——爱因斯坦

（一）

自从1916年病了一场之后，爱因斯坦就一直有胃病、头痛、恶心和呕吐等毛病，但他每天都有做不完的事，有处理不完的工作，始终都像一支两头点燃的蜡烛，从来都不知道保护自己的健康。

自从与伊丽莎结婚后，伊丽莎对爱因斯坦的健康问题很关心，因此在那一时期，爱因斯坦的健康状况还不错。但1936年，伊丽莎撒手人寰，爱因斯坦又开始继续过着从前那样的生活。虽然有秘书海伦的照顾，但身体状况还是每况愈下。

1945年和1948年，爱因斯坦又因主动脉上有瘤而做了两次大手术，这让他本来就不怎么好的身体更加糟糕。

爱因斯坦也渐渐清楚，上帝留给自己的时间不长了，但他依然拼命地工作。他要为人类做尽可能多的事，希望再从事一些工作，并希望他的努力在呼吁世界永久和平方面能够奏效。当然，他也希望能在统一场论的研究上取得比较满意的结果。

1955年4月13日，爱因斯坦在起草电视讲话稿时，突然腹部绞痛，海伦小姐马上找来医生。经过诊断后，医生们认为爱因斯坦患的还是主动脉瘤，并建议他马上手术。

但爱因斯坦拒绝了。在1945年和1948年的两次手术后，他就知道，主动脉瘤这个炸弹肯定会再次爆炸的。

第二天，心脏外科专家格兰医生从纽约赶来。尽管爱因斯坦的身体很虚弱，动手术很危险，但格兰医生经过权衡利弊，还是建议动手术，因为这样才可能有生的机会。

爱因斯坦听完医生的话，苍老的脸上现出一丝疲倦的微笑，摇着头说：

"不用了。"

早在几年前，医生就曾告诫爱因斯坦，他的那个主动脉瘤可能随时会破裂，爱因斯坦总是一副不在意的样子说：

"那就让它破裂好了！"

人生的最后一件大事就要来临了，爱因斯坦已经做好了充分的心理准备，没什么可怕的，也没什么好遗憾的。他的一生，凡是能够做到的事，他都努力去做了。

4月16日，爱因斯坦的病情进一步恶化。海伦小姐又匆匆地跑去找医生。

医生让爱因斯坦住院治疗，但爱因斯坦只是摇头，怎么都不肯去医院。但是，几年前的一件事让医生有了主意。

有一次，这位医生在给爱因斯坦看病时，给他配了几种药片和一瓶药水，让他服用。爱因斯坦顺从地吞下药片，然后叹了口气，对医生说：

"你看，这样会不会好点呢？"

爱因斯坦的表现，好像吃药完全是为了让医生好受一点，而不是为了给自己治病。

由此，医生也看出了这位伟大的科学家身上同样有着伟大的人道主义精神——生命的意义在于设身处地地为别人着想，为他人解忧。

所以，这一次医生也对爱因斯坦说：

"教授先生，您看海伦小姐已经顶不住了，我看她也要生病了。"

这句话果然奏效。爱因斯坦看了一眼海伦——他忠实的助手，自从1928年就跟随爱因斯坦，先当秘书，后来又担任管家，现在还要兼当护士照顾他。她确实是疲惫不堪了。

爱因斯坦终于住进了普林斯顿那家小小的医院。但一到医院，他就打电话要家里人将他的眼镜、钢笔和一封没写完的信以及一道没有做完的计算题送到医院来。

生命垂危的爱因斯坦在病床上欠了欠身子，戴上老花镜，伸出颤颤巍巍的手想拿起笔。可是手还没等触及到笔，他就感到一阵头晕目眩，宽大的布满皱纹的额头上冒出了一层汗珠。

第二天是星期日，爱因斯坦自我感觉稍好一些了。大儿子汉斯从加利福尼亚乘飞机赶来看望他，他的几位好友和研究所的几位亲近的同事也都来看望他。在和朋友们聊天时，爱因斯坦依然从容不迫，深刻幽默。

当他看到一位朋友愁容满面时，便安慰他说：

"别难过，人总有一天是要死的！"

（二）

在住院期间，爱因斯坦还谈到了自己的身后事。他再三嘱咐，切不可将他现在的住所当成人们"朝圣"的纪念馆，他在研究所的办公室也一定让给别人继续使用。他希望除了他的科学理想与社会理想之外，他的一切都跟随他一起死去。

爱因斯坦还谈到了科学。在谈到美国公民权遭到践踏和世界和平前景一片黯淡时，爱因斯坦满脸的忧伤。

晚上，爱因斯坦让海伦回家去休息。

深夜，值班的护士忽然发现爱因斯坦呼吸困难，就想快点叫医生过来。刚走到房门口，就听见爱因斯坦用德语说了几句话，但具体说的什么护士没有听清楚。

不久，爱因斯坦的心脏停止了跳动。这一刻是1955年4月18日1时25分。

爱因斯坦的遗嘱早已闻名，那就是不举行宗教仪式，也不举行任何官方的仪式。按照他的愿望，就连下葬的时间和地点除了护送他的遗体去火葬场的少数几位亲密朋友外，其他人一概不知。

4月18日的下午4时，只有12个最亲近的人跟在爱因斯坦灵柩的后面，将他的遗体送到离城几里外的特伦敦殡仪馆火化。没有花圈，没有乐队，没有演说，也没有任何的宗教仪式，根据他生前拟就并签字后亲手交给海伦的遗嘱意愿，他的骨灰将被撒向大地，而且不发讣告，不搞葬礼，不建坟墓，不立纪念碑。

然而，小普林斯顿的市民们还是知道了爱因斯坦去世的消息。几乎全城的人都自动穿起黑色的西装或长裙，举着白色的蜡烛，静静地守候在爱因斯坦的寓所外面默哀。

当地的《普林斯顿市民报》也抑制不住沉痛的心情，在末版的角落里发布了一则悼词，落款是报社全体同仁。

没想到半天后，以美国《华盛顿邮报》为首的各大报纸，都以头版加黑框发布了爱因斯坦去世的这一消息。

巨星陨落了。

两个多世纪以来，科学巨人牛顿的逝世引起了英国和欧洲的一片悲恸。

现在，几乎在刹那间，电讯、电报、电话都越洋过海，全世界所有的媒体都在向人类沉痛地宣告：

"当代伟大的物理学家爱因斯坦逝世，终年76岁。"

全世界的人民也都为这个消息感到悲痛，唁电和唁函从世界的每一个角落飞往普林斯顿。它们或来自学术团体，或来自国家元首和政府首脑，或来自著名的科学家，甚或来自一个个普通的男男女女。人们怀念他，因为他改变了人类对宇宙的认识，拓宽了科学造福于人类的领域；人们敬重他，因为他反对暴力，争取和平、自由、民主，为人类的进步进行了不屈不挠的斗争。

只有将全部身心都奉献给自己事业的人，才有希望成为名副其实的大师，因为大师的高超才华需要一个人的全部心血铸就。爱因斯坦就是这样一个人，就是这样一个将全部身心都奉献给自己事业的超级大师。他的挚友、伟大的物理学家郎之万曾这样评价爱因斯坦：

在我们这一时代的物理学家中，爱因斯坦将位于最前列。他现在是，将来也还是，人类宇宙中有头等光环的一颗巨星。我们很难说他究竟是同牛顿一样伟大，还是比牛顿更伟大；不过，可以肯定地说，他的伟大是可以同牛顿相提并论的。按照我的理解，他也许比牛顿更伟大，因为他对于科学的贡献，更加深刻地进入了人类思想基本概念的结构当中。

在特伦敦殡仪馆的小教堂中，爱因斯坦遗嘱的执行人奥托·纳坦向长眠于地下的科学巨人及他的12位最亲近的人朗诵道：

我们全都获益匪浅，
全世界都感谢他的教诲；
那专属于他个人的东西，
早已传遍全世界。
他就像行将陨灭的彗星，光华四射，
将无线的光芒同他的光芒永远连接……

第十九章　对世界的贡献

人只有献身于社会，才能找出那短暂而有风险的生命的意义。

——爱因斯坦

（一）

爱因斯坦是20世纪最伟大的物理学家、科学革命的旗手。爱因斯坦创立了代表现代科学的相对论，并为核能开发奠定了理论基础，他的理论对现代科学技术的影响及广泛应用等方面开创了现代科学的新纪元，被公认为是自伽利略、牛顿以来最伟大的科学家、思想家。1999年12月26日，爱因斯坦被美国《时代周刊》评选为"世纪伟人"。

爱因斯坦的科学生涯开始于1900年。当时，他正处于大学毕业后的失业痛苦之中。从1900年到1904年，由于兴趣爱好及刻苦研究，他每年都会写一篇论文发表在德国的《物理学杂志》上。开始的两篇是关于液体表面的电解和热力学的。爱因斯坦试图给化学以力学的基础，但不久后他就发现这条路行不通，转而开始研究热力学的力学基础，并提出了统计力学的一些基本理论。

1902年，爱因斯坦从力学定律和几率运算推导出热平衡理论和热力学的第二定律，并发表了论文；1904年，他又认真地探讨了统计力学所预测的涨落现象，发现能量的涨落（或体系的热稳定性）取决于玻耳兹曼常数。为此，他不仅将这一结果用于力学体系和热学现象，还大胆地将其用于辐射现象当中，从而得出辐射能的涨落公式，导出维恩位移定律。

涨落现象的研究，也令爱因斯坦在辐射理论和分子运动论两个方面同时取得了重大的突破。

1905年，爱因斯坦在科学史上又创造了一个史无前例的奇迹。这一年，他一共写了6篇论文，并利用工作之外的业余时间，在3个领域内作出了4个具有划时代意义的贡献。

第一个贡献就是创立了光量子论。

1905年3月，爱因斯坦发表论文《关于光的产生和转化的一个推测性的观点》，将普朗克于1900年提出的量子概念扩充到光在空间中的传播，从而提出光量子假说。这也是历史上第一次揭示了微观客体的波动性和粒子性的统一性，即波粒二象性。

在论文的结尾，爱因斯坦还用光量子概念解释了光电现象，推导出光电子的最大能量同入射光的频率之间的关系。但是，这一关系直到10年后才由R.A.密立根通过实验证实。由于光电效应定律的发现，爱因斯坦获得了1921年度的诺贝尔物理学奖。

第二个贡献是创立了分子运动论。

1905年的4月、5月和12月，爱因斯坦分别写了3篇关于液体中悬浮粒子运动的理论论文。

液体中悬浮粒子运动是由英国植物学家R.布朗于1827年首次发现的，因此也被称为布朗运动。当时，爱因斯坦是想通过观测由分子运动的涨落现象所引起的悬浮粒子的无规则运动来测定分子的大小，以解决半个多世纪以来科学界和哲学界争论不休的原子是否存在的问题。1908年后，爱因斯坦关于这一理论的预测被法国物理学家J.B.佩兰通过实验证实是正确的和科学的。

第三个贡献就是创立了狭义相对论。

1905年6月，爱因斯坦发表了一篇开创物理学新纪元的长篇论文——《论动体的电动力学》。这篇论文科学完整地提出了狭义相对性理论，在很大程度上解决了古典物理学在19世纪末期出现的危机，推动了整个物理学理论的发展与进步。

为克服新的实验事实同旧的物理理论体系之间存在的矛盾，爱因斯坦从自然界的统一性观点出发，考察了这样的问题：牛顿力学领域中普遍成立的相对性原理，为什么在电动力学中是不成立的？而根据法拉第的电磁感应实验，这种不统一性显然不是现象所固有的，那么问题就一定出在古典物理理论基础之上。

爱因斯坦吸取经验论哲学家D.休谟对先验论的批判和E.马赫对牛顿的绝对空间与绝对时间概念的批判，从考察两个在空间上相互分隔的事件的"同时性"问题入手，否定了没有 经验根据的绝对同时性，进而又否定了绝对时间、绝对空间的概念，以及"以太"的存在，认为传统的空间和时间概念必须加以修改。

他还将伽利略发现的力学运动相对性这一具有普遍意义的基本实验事实，提高为一切物理理论都须遵循的基本原理；同时又将所有"以太漂移"实验所显示的光在真空中总以确定速度传播的这一基本事实提高为原理。

这种改造与提升其实是一种物理性推广，将古典力学作为相对论力学在低速运动时的一种极限情况。这样一来，力学与电磁学也就在运动学的基础上统一起来了。

（二）

狭义相对论建立后，爱因斯坦并不满足，而是力求将相对性原理的适用范围推广到非惯性系。

通过不懈的努力，爱因斯坦从伽利略发现的"引力场中的一切物体都具有同一加速度（即惯性质量同引力质量相等）"这一实验事实中找到了突破口。1907年，爱因斯坦提出了等效原理，即：

"引力场同参照系的相当的加强度在物理上完全等价。"

并且还由此推论：

"在引力场中，钟要走得快，光波波长要变化，光线要弯曲。"

在这一年，爱因斯坦大学时代的老师、著名几何学家H.闵可夫斯基还提出了狭义相对论的四维空间表示形式，为爱因斯坦相对论的进一步发展提供了可利用的数学工具。遗憾的是，爱因斯坦当时并未认识到这一理论的价值而加以利用。

1911年，爱因斯坦又根据等效原理和惠更斯原理推导出光线经过太阳附近的偏转值。1912年初，他通过分析刚性转动圆盘，认为在引力场中欧几里得几何并非严格有效；同时还发现：洛伦兹变换也不是普遍适用的，而是需要寻求更加普遍的变换关系。为保证能量—动量守恒，引力场方程也必须是非线性的。因此，爱因斯坦发现：等效原理只对无限小的区域有效。

1912年10月，爱因斯坦在他的同班同学、当时在母校任数学教授的格罗斯曼的帮助下，学习了黎曼几何和G.里奇与T.勒维·契维塔的绝对微分学（即张量分析）。

经过一年多的努力与合作，1913年，爱因斯坦与格罗斯曼共同发表了重要的论文——《广义相对论纲要和引力理论》，提出了引力的"度规场理论"。

在这一理论中，用来描述引力场的不是标量，而是度规张量，也就是用10个引力势函数来确定引力场。这也是物理学上首次将引力和度规结合起来，从而使黎曼几何获得了更为实际的物理意义。

从1915年到1917年，爱因斯坦迎来了他的科学成就的第二个高峰，同样也在3个不同的领域里分别获得了巨大的历史性成就。除广义相对论外，1916年，爱因斯坦在辐射量子论方面又作出了重大突破；1917年又开创了现代科学的宇宙学。

1916年3月，爱因斯坦在完成了广义相对论的总结以后，又研究了引力场方程的近似积分，发现了一个力学体系变化时必然发射出以光速传播的引力波。爱因斯坦指出，原子中没有辐射的稳定轨道的存在，无论是从电磁观点还是从引力观点来看，这都是十分神秘的。因此，爱因斯坦认为：

"量子论不仅要改造麦克斯韦的电动力学，而且还要改造新的引力理论。"

不久，当爱因斯坦重新回到量子辐射的问题上时，他便依照这一意图提出了自发跃迁和受激跃迁的概念，并给出普朗克辐射公式的新推导。

但是，引力波问题提出后，在科学界引起了巨大的异议。而且由于引力波的强度太弱，难以通过实验进行检测，因此在很长一段时间内都没能引起人们注意。

直到20世纪60年代，检测引力波的实验才逐渐形成热潮，但却都没有达到检测所要求的最低精度。直到1979年，引力波的存在才得以证实。

（三）

1917年，爱因斯坦又用广义相对论的结果探索整个宇宙的时空结构，并发表了开创性的论文《根据广义相对论对宇宙学所作的考查》。

这篇论文深刻地分析了"宇宙在空间上是无限的"这一传统观念，指出它与牛顿的引力理论和广义相对论引力论都是不协调的。其实，当时的人们还无法为引力场方程在空间无限远处给出合理的边界条件。爱因斯坦认为，其可能的出路就是将宇宙看成一个"具有有限空间（三维的）体积的自身闭合的连续区"。以科学论据推论宇宙在空间上是有限无界的，这在人类历史上还是第一次。它令宇宙学摆脱了纯粹猜测性的思辨，从而进入到现代科学领域之内，成为宇宙观的一次重大革命。

广义相对论建成后，爱因斯坦同样不满足，而是试图将广义相对论继续加以推广，使之不仅包括引力场，也包括电磁场。也就是说，他要寻求一种统一场的理论。

爱因斯坦认为，这是相对论发展的第三个阶段。它不仅要将引力场和电磁场统一起来，还要将相对论和量子论统一起来，为量子物理学提供合理的理论基础。

最初的统一场论是由数学家H.韦耳于1918年将通常的四维黎曼几何

加以推广而得出来的。爱因斯坦对这一理论表示赞赏，但同时他也指出：这一理论所得出的线索并非不变量，而是与它过去的历史有关。

随后，数学家T.F.E.卡鲁查又于1919年试图用五维流形来达到统一场论，同样得到了爱因斯坦的赞赏。

1925年后，爱因斯坦开始全力以赴探索统一场论。但是，研究的过程并不顺利。1928年，爱因斯坦又转入纯数学的探索，尝试用各种方法进行研究，但都未能取得具有真正物理意义的结果。

从1925年到1955年的这30年中，爱因斯坦几乎将他全部的精力都用于探索统一场论。1937年，在两位助手的协助下，爱因斯坦从广义相对论的引力场方程中推导出运动方程，从而揭示了空间—时间、物质与运动之间的统一性。这是广义相对论的重大发展，也是爱因斯坦在科学研究中所取得的最后一个重大成果。但在统一场论方面，他始终未能成功。一直到临终的前一天，他还在病床上继续统一场论的数学计算。

其实在1948年时，爱因斯坦就意识到：

"我完成不了这项工作；它将被遗忘，但它将来会被重新发现。"

幸运的是，历史的发展没有辜负爱因斯坦。20世纪70年代到80年代，科学界中一系列的实验都有力地支持电弱统一理论，统一场论的思想也逐渐以新的形式显示出它的生命力，为物理学未来的发展提供了一个大有希望的前景。

虽然统一场论的研究没有获得成功，但无可置疑的是，爱因斯坦的一生是伟大的。他开创了物理学上的一个新纪元，为物理学的发展指明了方向，其一生也为物理学的发展做出了巨大的贡献。

在艺术家们眼中，爱因斯坦的样子就是一头乱蓬蓬的白发，一张布满皱纹的脸，一撮横七竖八翘起的胡子和一双浅棕色陷入深思的眼睛。爱因斯坦性情温和，心地善良，从来不忍心拒绝摄影师、画家、雕塑家的请求。有一次，一位萍水相逢的客人问及他的职业时，他毫不思考地回答道："职业模特儿!"

爱因斯坦生平大事年表

1879年 3月14日　生于德国南部小镇乌尔姆，几个月后，举家迁往慕尼黑。

1885年 6岁，入天主教民众小学读书。

1888年 9岁，入慕尼黑路提彼德中学学习。

1889年 10岁，在医科大学生塔尔梅的帮助和引导下，开始阅读通俗科学读物和哲学著作。

1891年 12岁，自学欧几里得几何学，并开始自学高等数学。

1894年 15岁，父母迁往意大利米兰。不久，爱因斯坦被路提彼德中学勒令退学，前往米兰与父母团聚。

1895年 16岁，报考苏黎世技术学院，因一般科目成绩不佳而落榜，其后入阿劳中学重读。

1896年 17岁，获得阿劳中学毕业证书，以优异的成绩免试进入苏黎世联邦工业大学师范系学习物理。

1899年 20岁，正式申请瑞士公民权。

1900年 21岁，以优异的成绩通过大学毕业考试，结束大学生活。

1901年 22岁，加入瑞士国籍。赴温特尔市职业技术学校任代课教师。7月失业，不久经朋友推荐在一所私立中学任补习教师，后因教学方式问题与校长意见分歧而被解职。

1902年 23岁，入伯尔尼联邦专利局工作。

1903年 24岁，与米列娃结婚。

1904年 25岁，长子汉斯出生。

1905年 26岁，先后完成《论动体的电动力学》等5篇重要学术论文，分别在莱比锡《物理学年鉴》第17、18、19卷上发表，狭义相对论创立完成。

1908年 29岁，被聘为州立伯尔尼大学编外讲师。

1909年 30岁，离开伯尔尼专利局，被聘为苏黎世大学副教授。

1910年 31岁，次子爱德华出生。

1911年 32岁，被布拉格德国大学聘为正教授，不久，赴布鲁塞尔参加第一届索尔维物理学会议。

1912年 33岁，任母校苏黎世技术学院教授，并开始同格罗斯曼合作探索广义相对论。

1913年 34岁，被聘为柏林威廉皇家物理研究所所长兼柏林大学教授。发表了同格罗斯曼合著的论文《广义相对论纲要和引力理论》。

1914年 35岁，任柏林皇家研究所所长、普鲁士科学院院士、柏林大学教授。反对德国文化界名流为战争辩论的宣言《告文明世界书》，在同它针锋相对的《告欧洲人书》上签名，此举震惊世界。

1915年 36岁，提出广义相对论引力方程的完整形式，标志着广义相对论创立完成。

1916年 37岁，接替普朗克任德国物理学学会会长。完成总结性论文《广义相对论基础》，并提出宇宙空间有限无界的假说。

1919年 40岁，与米列娃离婚；6月在柏林与伊丽莎结婚；广义相对论在一次日食观测中被证实。

1920年 41岁，被荷兰著名的莱顿大学聘为特邀访问教授。

1921年　42岁，赴布拉格、维也纳、美国、英国等各地讲学。为耶路撒冷的希伯来大学创建筹集资金，同威兹曼首次访问美国。

1922年　43岁，前往法国、日本、新加坡和中国等地访问。在去日本途中，因对光电效应作出解释而被授予1921年度"诺贝尔物理学奖"。

1923年　44岁，赴瑞典哥德堡接受1921年度诺贝尔奖，并在授奖仪式上发表关于相对论的演说。

1924年　45岁，发现了"波色—爱因斯坦凝聚"。

1925年　46岁，发表关于统一场论的重要论文《引力和电力的统一场论》；赴南美洲访问。

1926年　47岁，被选为苏联科学院院士。

1927年　48岁，在巴比塞起草的反法西斯宣言上签名；参加国际反帝大同盟，当选为名誉主席。

1929年　50岁，躲在郊外避免生日宴会。同年，获"普朗克奖章"。

1930年　51岁，赴美国加利福尼亚大学讲学。

1931年　52岁，赴英国牛津大学讲学。

1932年　53岁，赴日内瓦列席世界裁军大会；12月，第二次赴美国讲学。

1933年　54岁，离开德国，途经比利时、英国赴美国，最终定居普林斯顿。

1935年　56岁，在百慕大正式申请永远在美国居住。

1937年　58岁，与两位助手的合作，从广义相对论的引力场方程推导出运动方程，进一步揭示了空间—时间、物质与运动之间的统一性。这是相对论的重大发展，也是爱因斯坦在科学活动中所取得的最后一个重大成果。

1939年　60岁，致信美国总统罗斯福，建议美国抓紧时间研制原子弹，防止德国抢先掌握原子弹技术。

1940年　61岁，致电罗斯福总统，敦促美国加入国际反法西斯同盟；取得美国国籍。

1943年　64岁，作为科学顾问参与美国海军部工作。

1944年　65岁，以600万美元拍卖相对论手稿，将全部所得捐献给反法西斯事业。

1946年　67岁，发起并组织"原子科学家非常委员会"，并担任主席。

1947年　68岁，连续发表大量关于世界政府的言论。

1950年　71岁，发表电视讲话，反对美国制造氢弹。

1951年　72岁，连续发表文章和信件，指出美国的扩军备战政策是世界和平的严重障碍。

1952年　73岁，以色列政府请爱因斯坦担任第二任总统，被谢绝。

1955年　76岁，与著名学者罗素共同签署《爱因斯坦—罗素宣言》，呼吁禁止制造和使用大规模杀伤性武器，和平解决国际争端。4月18日1时25分，因患主动脉瘤逝世。